Manifesto pela psicanálise

Sujeito e História
Organização de Joel Birman

A coleção Sujeito e História tem caráter interdisciplinar. As obras nela incluídas estabelecem um diálogo vivo entre a psicanálise e as demais ciências humanas, buscando compreender o sujeito nas suas dimensões histórica, política e social.

Títulos publicados:

A crueldade melancólica, Jacques Hassoun
A psicanálise e o feminino, Regina Neri
Arquivos do mal-estar e da resistência, Joel Birman
Cadernos sobre o mal, Joel Birman
Cartão-postal, Jacques Derrida
Deleuze e a psicanálise, Monique David-Ménard
Foucault, Paul Veyne
Gramáticas do erotismo, Joel Birman
Lacan com Derrida, Rene Major
Mal-estar na atualidade, Joel Birman
Metamorfoses entre o sexual e o social, Carlos Augusto Peixoto Jr.
O aberto, Giorgio Agamben
O desejo frio, Michel Tort
O olhar do poder, Maria Izabel O. Szpacenkopf
O sujeito na contemporaneidade, Joel Birman
Ousar rir, Daniel Kupermann
Problemas de gênero, Judith Butler
Rumo equivocado, Elisabeth Badinter

Erik Porge, Franck Chaumon,
Guy Lérès, Michel Plon,
Pierre Bruno e Sophie Aouillé

Manifesto pela psicanálise

Tradução de
Clóvis Marques

Revisão Técnica de
Joel Birman

1ª edição

CIVILIZAÇÃO BRASILEIRA
Rio de Janeiro
2015

Copyright © La Fabrique-Éditions, 2010

Copyright da tradução © Civilização Brasileira, 2015

Título original: *Manifeste pour la Psychanalise*

CIP-BRASIL. CATALOGAÇÃO NA FONTE
SINDICATO NACIONAL DOS EDITORES DE LIVROS, RJ

M245   Manifesto pela psicanálise / Erik Porge ... [et al.];
tradução Clóvis Marques. – 1ª ed. – Rio de Janeiro:
Civilização Brasileira, 2015.
(Sujeito e História)

Tradução de: Manifeste pour la psychanalyse
Inclui bibliografia e índice
Anexo
ISBN 978-85-200-1260-4

1. Psicanálise. I. Porge, Erik. II. Série.

15-19264

CDD: 150.1952
CDU: 159.964.2

EDITORA AFILIADA

Todos os direitos reservados. É proibido reproduzir, armazenar ou transmitir partes deste livro, através de quaisquer meios, sem prévia autorização por escrito.

Texto revisado segundo o Novo Acordo Ortográfico da Língua Portuguesa.

Direitos exclusivos desta tradução adquiridos pela
EDITORA CIVILIZAÇÃO BRASILEIRA
Um selo da
EDITORA JOSÉ OLYMPIO LTDA.
Rua Argentina, 171 – Rio de Janeiro, RJ – 20921-380 –
Tel.: (21) 2585-2000

Seja um leitor preferencial Record.
Cadastre-se e receba informações sobre nossos lançamentos e nossas promoções.

Atendimento e venda direta ao leitor:
mdireto@record.com.br ou (21) 2585-2002

Impresso no Brasil
2015

Os autores agradecem a Joel Birman o empenho para que este Manifesto fosse publicado no Brasil.

Sumário

Introdução   9

1. Momentos   17
2. Uma dissolução que não acaba... de não fundar   53
3. O curar da psicoterapia   81
4. O espaço social, na psicanálise   111
5. Entre ciência e mercado   145

Epílogo circunstanciado   169

Anexo A: Manifesto pela psicanálise   175
Anexo B: Nem estatuto de Estado nem Ordem para a psicanálise   181

Sobre os autores   185
Referências bibliográficas   187

Introdução

Desde o início deste novo milênio, a psicanálise parece ter perdido a importância que tinha no mundo das ideias e naquilo que se convencionou chamar de opinião pública. Mas as críticas a ela endereçadas não são novas: desde seu advento, a descoberta freudiana suscitou desconfiança nessa parte do humano sempre empenhada em desfrutar do seu domínio sobre o outro, em proteger sua ilusão de controle.

Os próprios psicanalistas não estão isentos dessa reação, pois sua prática pressupõe que sejam deslocados de sua posição inicial. Uma psicanálise, com efeito, visa a elucidar e resolver a face oculta da transferência, aquela que sela a submissão ao supereu. Freud advertira para essa realidade. Em carta a Max Eitingon datada de 23 de novembro de 1919, ele fala da sua preocupação "na época em que a psicanálise repousava apenas [nele]", a saber, a apreensão "com o que a canalha humana" faria da psicanálise quando ele não estivesse mais vivo.[1]

Se a vontade de erradicar a psicanálise persistiu, ela mesma, no entanto, sobreviveu. Não só não foi enterrada com Freud como penetrou amplamente o tecido social, não tanto por contágio cultural, mas, de maneira mais simples e eficaz, pelo fato de nunca ter havido no mundo tantos analisantes, e isso contrariamente a certa vociferação midiática que faz o possível para nos convencer do enfraquecimento, prelúdio do desaparecimento, dessa experiência que está para as inúmeras terapias assim como a viagem no tempo está para a compra de um relógio.

Cabe lembrar que uma experiência analítica levada a termo não tem equivalente. Seu resultado promove uma libertação que desfaz o forte vínculo existente entre gozo, repetição deste e culpa. Um analista pode conduzir tratamentos a esse ponto, desde que não renegue sua própria experiência de analisante, o que, naturalmente, lhe será mais difícil se ela tiver sido abreviada. A esse respeito, o ceticismo evidenciado por Freud certamente se explica pelo caráter ainda precário da prática autorizada por sua descoberta. Lacan tornou essa prática mais adequada à finalidade da psicanálise, mas esse passo convoca outros.

Coloca-se então a questão: o que pensar das experiências analíticas que, ao mesmo tempo que proporcionam ao analisante um benefício terapêutico considerável, não são de tal ordem que possam ser consideradas concluídas no sentido que acabou de ser indicado? Isso não seria equivalente a reconhecer certa continuidade entre o terapêutico e o psicanalítico, havendo apenas uma diferença de grau? Certamente não. Por um lado, é pelo fato de o analista ter mantido sua posição de analista que, mesmo nessas análises inacabadas, o benefício terapêutico é ao mesmo tempo patente e duradouro. Na verdade, o analisante que se detém aquém do ponto que poderia ter ultrapassado ao perseverar sabe, e não raro o diz, que poderia ter prosseguido. Através, assim, dessa sensação de algo inacabado, ele pode tomar consciência da ilusão de acesso a uma vida harmoniosa ou normalizada. Por outro lado, se a psicanálise se contentasse com esses resultados, por mais positivos que sejam, acabaria perdendo o caráter cortante do seu discurso ao renunciar à ambição original de Freud: propor uma resposta concreta, singular, sem equivalente e sem igual à pulsão de morte.

Se podemos afirmar que a reformulação lacaniana da descoberta freudiana deu-lhe uma segunda vida, nem por isso a psicanálise deixa de continuar provocando desconfiança e tentativas de rejeição. Em outubro de 2003, no debate de um projeto de lei de saúde pública na Assembleia Nacional, o deputado Bernard Accoyer apresentou uma emenda que, sob o pretexto de proteger o público dos "charlatães" e garantir que os psicoterapeutas tivessem uma formação controlada, englobava os psicanalistas nessa denominação genérica. Foi o início do que então ficou conhecido como "o caso Accoyer", que provocou forte mobilização dos psicanalistas e trouxe à luz suas profundas divisões quanto às respostas a serem dadas ao projeto de lei.

Em 9 de agosto de 2004, essa lei de saúde pública finalmente foi promulgada.[2] O artigo 52 visava diretamente os psicanalistas: aqueles que estivessem "regularmente registrados nos anuários de suas associações" seriam parcialmente dispensados, como os médicos e os psicólogos diplomados em psicopatologia, das condições estabelecidas para a inscrição dos profissionais no registro dos psicoterapeutas de seu departamento.

Através desse artigo 52, instaura-se o cavalo de Troia da lógica das avaliações, das garantias de Estado e dos "direitos a" no campo psicanalítico. Hoje, a ideologia do risco zero gera constantemente uma avalanche de procedimentos, de fiscalizações detalhistas e de auditorias duvidosas que não promovem uma cultura de verdadeira proteção, mas de suspeita, num pano de fundo de discriminação. É uma tendência de peso que, por sinal, corresponde aos imperativos financeiros do neoliberalismo. Desse modo, o que ameaça a psicanálise já não é tanto a possibilidade de ser excluída pela medicina, mas incluída no império da psicologia, disciplina em que as ideologias tecnocientíficas de inspiração behaviorista e cognitivista, às vezes de braços dados com a velha hipnose, vão de vento em popa — e por quanto tempo? Sabemos da atual voga da psicologia cognitiva, especialmente de suas aplicações terapêuticas não raro catastróficas. Para caracterizar seu impasse, basta lembrar que ela se limita a receber o bastão do velho espiritualismo: nela, o ato é entendido como deduzido de uma cognição. E essa "renovação", que tenta usurpar o prestígio das neurociências, deve muito a uma psicanálise mal compreendida, já que um dos seus berços vem a ser a Escola "psicanalítica" de Palo Alto.

Certamente não é a primeira vez que a psicanálise se vê num *momento crítico*, ou seja, ameaçada não tanto de ser dissolvida ou proibida, mas, o que talvez seja pior, de ser desnaturada. O perigo não deve ser subestimado, como evidencia o destino da disciplina em certos países da Europa, como a Alemanha, a Holanda, a Itália e a Grã-Bretanha. Esta última constitui um exemplo particularmente marcante, pois a psicanálise, tendo-se ali enraizado de maneira exemplar — do que dão testemunho os nomes e as obras de Melanie Klein e Donald W. Winnicott —, veio em algumas décadas a ser seriamente ameaçada por um processo de integração institucional que atualmente se enrijece ainda mais.

Na França, a resposta dos psicanalistas a essa ameaça não se revelou à altura. A Société Psychanalytique de Paris (SPP), ligada à International psychoanalytical Association (IPA), aprovou, naturalmente, algo por que já militava: o privilégio de formar psicoterapeutas analíticos e, a longo prazo, o reconhecimento de um título de psicanalista pelo Estado.

Entre os psicanalistas que seguem o ensinamento de Lacan, não ocorreu o estabelecimento de uma frente única, conforme se poderia esperar. Por um lado, o "Grupo de contato", reunindo representantes da SPP e de associações lacanianas (algumas numericamente importantes, como a Association Lacanienne Internationale [ALI], o Espace Analytique, a École de Psychanalyse des Forums du Champ Lacanien [EPFCL]...), não se opôs ao espírito do artigo 52, posicionamento que, por sinal, não resultou de um debate interno. E, como era de se esperar, a ideia de uma Ordem voltou a surgir, juntamente com a opinião de que o estatuto do psicanalista deveria antes ser do âmbito da corporação que do Estado.

A École de la Cause Freudienne (ECF) adotou uma posição ambígua, por sua vez, inicialmente rejeitando a emenda Accoyer e propondo a criação de uma escola com a função de observar as práticas e fazer recomendações. Na verdade, bem como outras associações importantes, a École de la

Cause Freudienne cedeu à sedução do mercado da psicoterapia: considerando a criação de suas sessões clínicas, essa instituição avaliou que facilmente poderia tornar-se um centro de formação de psicoterapeutas, como aconteceu na Itália. Com isso, foi estabelecida uma aliança duvidosa com certos grupos de psicoterapeutas, em nome desse significante confuso por excelência que é o vocábulo *psi*.

Finalmente, certas associações, como a Association de Psychanalyse Jacques Lacan (APJL) ou La Lettre Lacanienne, uma escola de psicanálise, recusaram radicalmente esse artigo 52, exatamente como o fizeram, em outras modalidades, outras associações e numerosos psicanalistas sem vínculos com escolas.

Por considerar que a clínica não pode ser reduzida à condição de uma psicoterapia como outra qualquer e que essa lei compromete o futuro da experiência analítica, que teve suas coordenadas estabelecidas por Freud e depois por Lacan, os autores desta obra tomaram a iniciativa do "Manifesto pela Psicanálise",[3] juntamente com alguns outros, com o objetivo de chamar a atenção para o mal-estar a que foram levados pelo efeito conjugado da legislação e da dispersão dos analistas. Procuraram esclarecer os motivos desse mal-estar, para tentar superá-los.

Pensamos, assim, esse mal-estar na psicanálise como parte de um terceiro *momento* em que a disciplina é posta em risco, sucedendo a um primeiro em 1926, com o caso Theodor Reik, e um segundo em 1956.[4] Esses *momentos* são ficções no sentido positivo de Bentham e coincidem menos com a realidade do que fornecem as ferramentas simbólicas para nos posicionarmos nela e contemplarmos o futuro. É somente após esse terceiro *momento* que identificamos os dois primeiros e os colocamos em perspectiva. Eles não remetem a uma periodização, podendo cada um decompor-se em vários tempos.

O sinal emergente, manifesto, desse terceiro *momento* é representado pela aprovação do artigo 52. Ao contrário do que aconteceu em 1926, a *prática* analítica é ameaçada indiretamente, em consequência do que pode vir a ser distorcido na *formação* dos analistas. Para tornar-se analista, alguém deve ter feito uma análise. Essa é uma condição necessária, mas não suficiente, que constitui uma particularidade da "formação" do analista em relação às outras formações profissionais.

A questão de saber por que tornar-se analista está no cerne de sua formação, e, longe de ter encontrado uma resposta *a priori*, continua em aberto. De tal maneira que essa formação não se destina tanto a responder à pergunta, mas a deixá-la viva para cada sujeito. Considerando-se o complexo teor analítico da questão, entende-se que um diploma ou uma decisão jurídica não pode tomar o lugar da reflexão esclarecida de um grupo analítico sobre o teor do ato de tornar-se analista. É exatamente isso que está em jogo no que chamamos de terceiro *momento*: o risco de reduzir o ato analítico (no sentido em que designa a passagem à analista) a um ato jurídico, ignorando a natureza do vínculo entre o processo psicanalítico e a cultura.

A psicanálise, por sua vez, repousa num modo de pensar topológico (com o retorno ao exterior, por exemplo, do que estava recalcado no interior) que também se exerce na sua relação com o espaço social: a relação da psicanálise com o espaço social se inscreve na mesma superfície moebiana que a do espaço social com a psicanálise. Por isso, um perigo para a psicanálise também o é para a sociedade, e é por isso que os psicanalistas devem manifestar-se publicamente a seu favor. As condições atuais da disciplina certamente são amplamente ignoradas pelo público, de tanta distorção promovida pelos meios de comunicação; já os políticos, mesmo os mais bem-intencionados, nem sempre se mostram perspicazes para discernir o alcance civilizatório da psicanálise em todas as suas dimensões.

Notas

1. Sigmund Freud-Max Eitingon, *Correspondance 1906-1939* [Correspondência 1906-1939], Paris, Hachette, 2009, p. 193-194.
2. No momento em que este manuscrito vai para a gráfica, os decretos de aplicação finalmente acabam de ser promulgados. Disponível em: <http//www.legifrance.gouv.fr>.
3. Cf. em anexo os textos do "Manifesto pela Psicanálise" e da petição "Nem estatuto de Estado nem Ordem".
4. Cf. capítulo 1 deste livro.

1. Momentos

Freud e depois Lacan, e com eles alguns outros, foram os atores essenciais da história tumultuada da psicanálise. O objetivo desses incansáveis protagonistas de disputas doutrinárias, mas também pessoais, combatentes de autênticas guerras institucionais que levaram a cisões quase sempre dramáticas, era constantemente a defesa da psicanálise, sem concessões e independentemente de quem fossem os adversários, estranhos à psicanálise ou procedentes do meio.

Disputas, cisões, rupturas: nesse horizonte de turbulências, podemos levantar a hipótese de que certos períodos dessa história foram particularmente cruciais para o futuro da psicanálise. Inspirando-nos em trabalhos de J. G. A. Pocock, historiador da filosofia política, qualificaremos esses períodos de *momentos*: ou seja, segundo esse autor, que forja tal conceito a partir da obra de Maquiavel, tempos nos quais uma entidade teórica ou institucional, que não é eterna nem *atemporal*, corre o risco de desaparecer.[1] Um *momento*, conforme esclarece Pocock, só pode ser reconhecido como tal pela intervenção teórica de *um* cujo trabalho permita designar esse período, fazer dele um *momento* e assim proporcionar aos contemporâneos envolvidos os meios para perceber a existência desse perigo, e mesmo para reagir.

A psicanálise corre o risco de desaparecer? Essa ideia pode parecer ir de encontro a uma crença, frequente entre os analistas, de que a psicanálise não poderia deixar de existir. Mas nem Freud nem Lacan jamais cultivaram a ilusão de uma psicanálise eterna. Mais cético que pessimista, Freud escreve a Ludwig Binswanger em 28 de maio de 1911: "Na realidade, nada existe na estrutura do homem que o predisponha a cuidar da psicanálise."[2] No fim da vida, ele contempla no seu *Essais de psychanalyse* [Esboço de psicanálise] a possibilidade de que no futuro se aprenda "a agir diretamente, com a ajuda de certas substâncias químicas, sobre as quantidades de energia e sua distribuição no aparelho psíquico".[3]

Lacan, cético e de bom grado provocador, enuncia em 1977, em seu seminário *Le moment de conclure* [Momento de concluir], que "a psicanálise é uma prática que vai durar o que durar, é uma prática de tagarelice. Não há tagarelice sem risco".[4]

Nessa perspectiva, parece-nos possível identificar, ao longo da história da psicanálise — vale dizer, de 1896 até o início deste século —, dois *momentos* no sentido que foi definido anteriormente. Questionamo-nos, em seguida, sobre o período que vivemos atualmente. Seria um terceiro *momento*? Isso significa que a questão da sobrevivência da psicanálise claramente se coloca de novo.

É certo que, em cada um dos *momentos* levados em conta — e isso faz parte dos atributos de um *momento* —, o risco de desaparecimento envolvendo o objeto ameaçado, seja ele conhecimento, saber ou instituição, não aparece de maneira explícita: trata-se antes de procedimentos que assumem a forma de um processo de encobrimento, de enterro insidioso, quase sempre silencioso, valendo-se no todo ou em parte da armadura institucional ou conceitual do objeto visado para melhor escamoteá-lo. É desse modo que uma República pode desaparecer ao mesmo tempo que preserva seu nome, seus aspectos externos ou seus títulos; como no caso do Brasil, em passado ainda recente, onde a ditadura militar manteve o título de República e falou de "Revolução nacional". Um processo de natureza idêntica pode ocorrer com uma práxis como a psicanálise. Se o procedimento for eficaz, ela corre o risco de ver-se progressivamente esvaziada de sua substância, de sua especificidade teórica, para transformar-se numa entidade subordinada a outra: pode, assim, assumir as características de uma terminologia psicológica, livresca, capaz de provocar um entorpecimento intelectual, uma queda da vigilância teórica entre os principais interessados, os próprios psicanalistas, que poderão então tornar-se seus próprios coveiros.

1926, o corvo e a camisa branca

Em 1926, Freud escreve *La question de l'analyse profane* [A questão da análise leiga],[5] texto que ele mesmo qualificaria, num *post-scriptum* redigido em 1935, como "trabalho circunstancial". Essa data, 1926, e esse breve ensaio parecem-nos constituir a materialidade do primeiro dos dois *momentos* em que a psicanálise se viu ameaçada de desaparecer. Sabemos que a referida "circunstância" foi representada por uma queixa contra Theodor Reik, que, não sendo médico, era acusado de usurpar essa qualidade ao aceitar um paciente em análise, cometendo assim uma infração grave aos olhos da lei austríaca — muito severa, segundo frisa Freud, em relação aos "charlatães". Sabemos também que a queixa contra Reik não teve desdobramentos, dada a inconsistência da argumentação do reclamante. Freud esclarecia que não acreditava que esse desfecho feliz pudesse ser creditado ao seu livro, nem que a decisão do tribunal pudesse criar jurisprudência.

Mas, quando o caso Reik estourou em Viena, a questão da proibição do exercício da psicanálise por profissionais não diplomados em medicina — em outras palavras, a existência da análise leiga — já estava em pauta no interior do movimento psicanalítico, que tornou-se dividido em relação à questão. Freud naturalmente não ignorou a existência dessa cisão, de cujo perigo logo se deu conta, afirmando em seu ensaio que a defesa da psicanálise leiga, embora não parecesse evidente para a maioria dos colegas, com a notória exceção de Sándor Ferenczi,[6] era de uma "importância vital" para a psicanálise.

Devemos ressituar o debate sobre a análise leiga contra o pano de fundo dos acontecimentos ocorridos na Europa nas duas primeiras décadas do século XX, para assim apreender seus determinantes e as questões em jogo, que vão muito além de um simples caso judicial. O que Freud não deixou de fazer. Tendo considerado as radicais reviravoltas, fosse a Primeira Guerra Mundial ou a Revolução Bolchevique, tendo percebido que a *Mitteleuropa* não sobreviveria a essa tormenta e que ao mesmo tempo Viena perderia seu papel de cidade-encruzilhada da Europa, Freud também se mostrou sensível a um acontecimento que caracterizou esse período, a saber, a intervenção inédita, decisiva para o resultado da guerra, do exército americano no solo do Velho Continente.

Trata-se de um acontecimento carregado de consequências para certas concepções intelectuais europeias e para a teoria psicanalítica, que começava a fazer parte delas. Como sabemos, a implantação da psicanálise nos Estados Unidos não se deu sem dificuldades: a correspondência entre Freud e Ernest Jones constitui uma das fontes de informação mais eloquentes nessa questão.[7] Por sinal, Freud não se deixou iludir pelo sucesso de sua viagem aos Estados Unidos em 1909. Foi exatamente esse sucesso, essa aparente ausência de resistência que lhe pareceu trazer no seu bojo uma capacidade de assimilação da psicanálise pelo *modo de pensamento* americano, suscetível de provocar, muito mais que uma deformação de sua obra, um golpe mortal. Ora, foi precisamente nos Estados Unidos que surgiu essa resistência que consiste em reservar apenas aos médicos a prática psicanalítica.

Nesse contexto, o incidente com Reik desponta como uma oportunidade de Freud enfrentar muito mais seus colegas americanos do que as instâncias judiciárias austríacas. Essa é, para ele, a oportunidade de conduzir o debate no *interior* do movimento psicanalítico, fato atestado pela inclusão da questão na pauta do congresso da International Psychoanalytical Association (IPA), realizado em 1927, e objeto de um debate prévio organizado pelas revistas oficiais dessa mesma IPA, o *International Journal* e a *Zeitschrift*.[8] Sem entrar nos detalhes desse debate,[9] constata-se nele uma divergência entre, por um lado, os analistas americanos (cujo ponto de vista era basicamente compartilhado por Ernest Jones), que consideravam, para além dos elementos jurídicos circunstanciais — uma lei acabava de ser promulgada no estado de Nova York proibindo o exercício da análise por não médicos —, que a psicanálise era totalmente abarcada pelo campo médico, e, por outro, Freud, para quem a análise não podia depender de instâncias institucionais e saberes exteriores a ela mesma, sendo essa independência a garantia do seu desenvolvimento teórico e da sua capacidade de descoberta. O que está em debate se torna então evidente: a subordinação da psicanálise à medicina haveria de lhe desferir um golpe fatal no que diz respeito à didática, à formação e ao desenvolvimento da doutrina. Ela inevitavelmente transformaria os psicanalistas, na melhor das hipóteses, em especialistas, e, de maneira mais banal, em coadjuvantes dos médicos, *executores*, como mais tarde frisaria Lacan.

A intervenção freudiana, reconhecendo a importância vital do que estava acontecendo com a psicanálise, transformou a questão *circunstancial* num *momento*, no sentido anteriormente conferido a esse termo.

Resta então uma questão. Como designar a natureza desse perigo que tão gravemente ameaça a psicanálise no contexto que acabamos de evocar? Contra quem Freud foi levado, assim, a armar-se? O que foi isso, para além da circunstância, que o incidente Reik representou? A resposta mais imediata, mais evidente, aquela que foi se impondo de forma indolente ao longo dos anos, das leituras e mais ainda dos resumos da questão, aponta, como acabamos de observar, para a medicina e os médicos, mas também — e ainda hoje isso tende a passar a segundo plano — para certo *modo de pensamento*.

No caso da medicina, da formação que requer e da prática médica, Freud expõe teses para ele indiscutíveis. Ele afirma que saber quem pode praticar a psicanálise não é uma questão de *diploma*, mas de *formação*. A formação médica, cujo fundamento de modo algum ele contesta no que diz respeito ao exercício da medicina, parece-lhe inadequada ao exercício da psicanálise, que requer uma formação particular, de acordo com a irredutível especificidade da teoria psicanalítica. Assim, insiste Freud, como é possível encontrar *charlatães* aqui e ali no campo da psicanálise, sendo entendido que "charlatão é aquele que empreende um tratamento sem dispor dos conhecimentos e capacidades necessários", pode-se também, "sem risco [...] afirmar que — não só nos países da Europa [podemos aqui deduzir a alusão que em seguida se tornará explícita] — esses charlatães são basicamente médicos. Eles quase sempre praticam o tratamento analítico sem tê-lo aprendido e sem compreendê-lo".[10] A análise leiga — ou seja, a própria análise, como frisa com razão J.-B. Pontalis[11] — é portanto análise na medida em que não tem qualquer relação de subordinação, jurídica ou teórica, com a medicina. Ao mesmo tempo, Freud define o *leigo*, do ponto de vista psicanalítico, como aquele que nada conhece da psicanálise nem recebeu qualquer formação nessa matéria. Freud o repisa ao seu interlocutor "imparcial":

> Mas aquele que apreendeu tal ensinamento, que passou ele próprio por análise, que aprendeu da psicologia do inconsciente aquilo que atualmente pode ser ensinado, que está a par da ciência da vida sexual e adquiriu a técnica delicada da psicanálise, arte de interpretação, luta contra as resistências e maneja a transferência, *esse não é mais um leigo no terreno da psicanálise*. Está qualificado para dedicar-se ao tratamento dos distúrbios neuróticos e poderá com o tempo realizar tudo o que se pode esperar dessa terapêutica.[12]

Repisar é bem o termo, pois Freud reitera essa declaração com redobrada energia a cada objeção do interlocutor: "friso a exigência *segundo a qual ninguém deve praticar a análise sem ter conquistado esse direito por uma determinada formação*. O fato de essa pessoa ser médica ou não me parece acessório."[13]

Considerando-se a força com que Freud apresenta sua argumentação, devemos constatar que, se de fato existe um perigo rondando, não podemos encarar a medicina como único obstáculo à psicanálise leiga. Claramente, e isto foi assinalado por mais de um leitor e comentador,[14] ao enfatizar tanto o que fundamenta a autonomia epistemológica da psicanálise — a saber, seu objeto, o inconsciente — quanto a questão da formação dos psicanalistas como pivô dessa intervenção, Freud visa, muito além do mundo médico que apenas constitui um alvo privilegiado em virtude de sua proximidade histórica com a psicanálise, uma "entidade" que, segundo Michel Schneider, não é fácil de apreender de tão heterogênea, sendo ao mesmo tempo de essência religiosa, jurídica, ideológica e política.[15]

Na tentativa de precisar um pouco mais essa "entidade", esse *para além da medicina* que, segundo veremos, constitui uma espécie de fio de ligação que leva ao segundo *momento* que queremos identificar, mas talvez também leve ao nosso tempo, devemos acompanhar Freud aos confins do seu ensaio e tomar conhecimento do posfácio por ele redigido após ter ouvido as diversas intervenções que constituíram o já mencionado debate. Num primeiro momento, Freud parece preocupado em encontrar os termos de um compromisso que permitisse à psicanálise poupar-se de uma guerra que, ele bem percebe, poderia ser-lhe fatal. Reiterando que, muito mais que saber se o analista tem ou não um diploma, a questão está na especificidade de sua formação, ele reafirma que essa formação não pode ser a "que a Universidade prescreve para o futuro médico". Essa formação médica, quaisquer que sejam suas contribuições e qualidades, "sobrecarrega" o futuro analista com uma "excessiva quantidade de coisas que ele nunca poderá aproveitar, gerando o risco de que o seu interesse e o seu *modo de pensar*[16] sejam desviados da apreensão dos fenômenos psíquicos".[17]

Além da medicina como tal, existem, portanto, para Freud dois *modos de pensamento* que lhe parecem perfeitamente antagônicos, irreconciliáveis: um deles é subjacente ao procedimento médico e é veiculado por ele, constituindo uma corrente portadora de uma concepção cientificista que, tendo se mostrado sempre vigorosa, rejuvenesceu neste início do século XXI; o outro, apesar de ser identificado em certas concepções filosóficas, é antes de tudo característico da abordagem dos fenômenos relacionados ao inconsciente, vale dizer, do posicionamento intelectual e psíquico pressuposto pela psicanálise, por suas concepções teóricas e sua prática. Ignorar a diferença entre essas duas modalidades de abordagem da vida psíquica é deixar-se levar por uma de duas preocupações: ou bem a preocupação de uma inscrição da prática analítica numa outra perspectiva que não a sua própria, uma perspectiva terapêutica, de *cura* dos sofrimentos psíquicos aos quais ela é confrontada, como se tais sofrimentos fossem equivalentes a danos orgânicos ou fisiológicos, ou bem a preocupação de inserção da psicanálise numa perspectiva acadêmica, a psicanálise então concebida como puro *corpus* teórico desvinculado da clínica e que poderia articular-se sem qualquer outro processo com outras disciplinas: história, sociologia ou mesmo filosofia. Se Freud não nega a existência desse aspecto, que a seus olhos constitui a vertente *aplicada* da análise, ele insiste fortemente para que essa vertente, terapêutica ou não, não aniquile o registro teórico vinculado a uma clínica psicanalítica.

Nesse ponto, o tom muda, a busca de um compromisso é abandonada por assim dizer, e Freud menciona deliberadamente seus adversários, os adversários da psicanálise, que são, escreve ele, "nossos colegas americanos" os quais, ao recusarem a análise leiga, recusam na verdade uma forma de pensamento que é constitutiva da psicanálise, um modo de pensamento que a formação médica impede de desenvolver-se. E aqui é necessário reinserir e ler as célebres três páginas do manuscrito já mencionadas, três páginas "censuradas" pelo próprio Freud, a respeito da insistência de Ernest Jones e Max Eitingon — censuradas mas não riscadas do manuscrito, como bem esclarece Ilse Grubrich-Simitis[18] —, nas quais o psicanalista responde à pergunta de por que essa resistência parte principalmente dos "colegas americanos". Entre os motivos, Freud distingue o gosto pelo ecletismo, o primado das "necessidades práticas" e a busca pela satisfação acelerada destas, exigência que ele associa às dimensões da eficácia, da rentabilidade e da rapidez, "necessidades" que, lembra ele, pedem uma ideologia que lhes corresponda. Mas, acima de tudo, ou mais exatamente englobando esse conjunto num *modo de pensamento* que só pode encaminhar-se para uma rejeição da análise, há a questão do nível de "cultura geral" — Lacan dizia que era necessário "recusar o discurso psicanalítico aos canalhas", esclarecendo que era "certamente o que Freud disfarçava por trás do pretenso critério da cultura"[19] — e aquele da "receptividade intelectual", que segundo ele se situam nos Estados Unidos num nível "muito mais baixo que na Europa".

Freud designa assim a ideologia que encerra e está subjacente à medicina, que podemos qualificar de *tecnocientificista* e que será denominada *American way of life* posteriormente, como constituindo o rochedo contra o qual a psicanálise só pode vir a espatifar-se, o *modo de pensamento* com o qual qualquer compromisso é impensável, exceto cedendo no essencial, o inconsciente e o sistema pulsional. Com efeito, a oposição americana à análise leiga não demoraria a estender-se à pulsão de morte descoberta por Freud em 1920, o que evidencia que, através da rejeição da análise leiga, tratava-se de rejeitar, na realidade, a psicanálise como tal.

Poderíamos achar que Freud exagera, pautado exclusivamente pela irritação gerada por um debate que ele sabe, ainda que o negue, que deverá levar a uma derrota da sua posição, resultado que o levaria a jamais perdoar completamente Ernest Jones. Mas justamente, seja nas trocas epistolares com o próprio Jones, com Karl Abraham ou com Ferenczi, em tom alternadamente irônico, violento ou aflito em função do interlocutor, Freud nunca se cansaria de criticar a atitude americana, de vituperar contra a dominação do dinheiro — numa carta a Pfister, ele falaria de forma cruel de *Dollaria* ao referir-se aos Estados Unidos[20] —, constantemente distinguindo um dos perigos mais perniciosos para a psicanálise no "estado atual da cultura na América".[21]

Fritz Wittels, que se opunha a Freud por muitos motivos — fosse pela biografia do mestre vienense, que ele fez questão de escrever contra a opinião do interessado, ou pela rivalidade em que inscreveu Freud e Karl Kraus, como num espelho —, confirma que essa constante postura freudiana em relação à mentalidade americana não passa na verdade do resultado de uma rara lucidez política que nossa contemporaneidade está longe de invalidar.[22]

Em 1928, Wittels é convidado a proferir conferências nos Estados Unidos. Em vista da situação econômica na Europa, Freud o estimula a aceitar. Confirmado o projeto, Wittels o comunica a Freud, que lhe responde em 11 de julho de 1928 cumprimentando-o por assim escapar ao "pauperismo vienense", mas também o advertindo da maneira mais firme em relação à análise leiga, esclarecendo que se trata de uma questão que "não pode ser levada a bom termo na América". Em seguida, referindo-se aos americanos, escreve, não menos determinado:

> Esses primitivos não têm muito interesse por uma ciência que não possa ser diretamente transformada em uma prática. O que há de pior na maneira de agir americana é sua suposta mentalidade generosa, graças à qual chegam a sentir-se magnânimos e superiores a nós, europeus, de visão estreita; na verdade, não passa de uma dissimulação cômoda da sua total falta de discernimento, é claro. Eles inventam — de maneira que quase chega a ser da esfera das tendências inconscientes — um compromisso ou uma mistura de análise, misticismo junguiano e adlerianismo, o que naturalmente é um absurdo vergonhoso, merecendo o seu desprezo. Essa proeza lhes é tornada mais fácil pelo fato de que eles, por assim dizer, nada leram das publicações originais, não tendo tempo nem desejo de fazê-lo.[23]

Em 1940, no prosseguimento de suas *Memórias*, Fritz Wittels avaliaria a situação da obra freudiana na América na época, arriscando-se a expressar certos receios, designando *a psicologia* como a força antagônica principal da análise, uma psicologia totalmente enraizada no empirismo e no positivismo, dominada pelas exigências de pesos e medidas, pela ênfase em números e estatísticas. Esse exame da situação da psicanálise nos Estados Unidos terminava com esta bela frase: "Parece-me que é como se Freud tivesse previsto que seus discípulos mais próximos, assumindo os discursos reformadores progressistas, dos conciliadores e dos carreiristas ambiciosos, estivessem tentando destruir seu sistema. Mas profetas ressurgirão..."[24] Sabemos que nesse ponto Wittels acertou, pelo menos um "profeta" se manifestaria, especialmente em 1956, mais uma vez para tocar o alarme e anunciar a iminência de um perigo de morte para a psicanálise. Um "profeta" que se orientaria por essa convicção expressa por Freud em setembro de 1928, em outra breve carta a Wittels: "Com toda certeza, o americano e a psicanálise muitas vezes combinam tão pouco que lembram a comparação de Grabbe: é como se um corvo 'vestisse uma camisa branca'."[25]

Não seria exagero dizer que dessa camisa branca só restam retalhos hoje em dia nos Estados Unidos. A "peste", se podemos hoje retomar essa imagem apócrifa, pois já agora se sabe[26] que a célebre frase certamente nunca foi pronunciada por Freud, a peste, então, ou antes um subproduto seu, foi de fato fabricada nos Estados Unidos e devolvida ao remetente. Os primeiros efeitos na França desse produto *made in USA* começaram a manifestar-se de forma maciça no início da década de 1950, desencadeando simultaneamente um movimento que pretendia representar um obstáculo a eles. É esse segundo *momento* que agora evocaremos.

1956, o momento da Psicologia do eu, a urgência de um "retorno a Freud"

Concluindo seu exame da "Situação da psicanálise e [da] formação do psicanalista em 1956", Lacan, constatando o desenvolvimento crescente da psicanálise à americana, contemplava ironicamente o perigo que essa excrescência podia representar, notando seu caráter cada vez mais extraterritorial. Preconizava, no mesmo registro irônico, uma solução fácil de ser obtida, na forma de "um pequeno território do tamanho dos estados filatélicos (Ellis Island, a título de exemplo)[27] que poderia ser cedido, com uma votação no Congresso dos EUA, para que a IPA nele instalasse seus serviços...".[28] Trinta anos depois de Freud lutar contra a anexação da psicanálise pela medicina — anexação facilitada, como vimos, pelo poder público americano, especialmente no estado de Nova York —, Lacan, na intenção de combater os "charlatães", frisa o que de fato nos parece fazer parte do surgimento de um *momento*: a conjugação de um *modo de pensamento* organicamente hostil a toda forma de reconhecimento do inconsciente com uma intervenção estatal garantidora de uma formação dos psicanalistas que em nada contrariasse a lógica econômica e política do capitalismo. Podemos notar, assim, que modo de pensamento e intervenção do poder público constituem as características comuns a esses *momentos* que julgamos estar em condições de discernir, especialmente na questão da formação dos analistas.

Trinta anos, portanto, e o profeta anunciado por Fritz Wittels começa a manifestar-se para reiniciar a luta contra um adversário que se tornou dominante.[29] O fato de ter sido precisamente Jones que o amordaçou em 1936, em Marienbad, num momento em que dava seus primeiros passos na cena internacional, sem dúvida representa uma dessas caretas que a história costuma fazer.

Se nesses anos da década de 1950 Lacan se sentiu tão sozinho quanto Freud em 1926, foi antes de tudo pela constatação de que certa resistência europeia ao avanço das concepções americanas, representada especialmente pelas resistências vienense e húngara, havia encolhido desde a morte de Freud. Em outras palavras, ele rapidamente distinguiu o que Freud havia identificado de forma cabal, uma inversão que transformava muitos analistas nos coveiros da psicanálise — inversão que não cessava de crescer e firmar-se. Cada vez mais, a adversidade vinda de fora da psicanálise era retransmitida nos meios psicanalíticos, de tal maneira que não seria exagerado evocar o destino reservado aos habitantes da antiga Troia, que admitiram o cavalo portador da sua própria destruição na cidade. Ao introduzir nas suas teorizações e na sua prática o *modo de pensamento* tão contestado por Freud, julgando assim modernizá-las e torná-las acessíveis ao maior público possível, os psicanalistas — sobretudo, mas não exclusivamente, americanos — haviam gerado uma caricatura que se tornara de tal maneira dominante a ponto de levar a crer que era *a* psicanálise.

Assim como Freud, que soube reconhecer os determinantes históricos do perigo que a recusa americana da análise leiga representava para a psicanálise — o fim da *Mitteleuropa* que se sucedeu à Primeira Guerra Mundial —, Lacan não deixa de traçar um panorama desses acontecimentos que, apesar de pressentidos por Freud, se desdobraram depois da sua morte. A Segunda Guerra Mundial, seu cortejo de horrores e o desequilíbrio global que se seguiu: "Alarme de ódio e bulício da discórdia, lufada de pânico da guerra, foi no seu adejar que nos chegou a voz de Freud, enquanto víamos passar a diáspora daqueles que eram seus portadores e que não foram visados pela perseguição por acaso."[30] E Lacan identifica o que aconteceu com o encaminhamento dessa emigração, a saber, um mundo em que a história é nada menos que "negada em uma vontade categórica que confere seu estilo aos empreendimentos: a-historismo cultural próprio aos Estados Unidos da América do Norte".[31] A boa integração nesse "novo mundo" daqueles que o nazismo levara a fugir, por não ter conseguido exterminá-los, tinha, portanto, um preço, o apagamento dos princípios da doutrina freudiana, a mudança do *modo de pensamento*, a substituição da dualidade entre "aquele que sofre e aquele que cura" pela oposição "daquele que sabe àquele que ignora".[32] A relação transferencial, pedra angular da prática psicanalítica, era assim mais que transformada, pervertida por uma caricatura, a caricatura de uma relação professor-aluno baseada no conhecimento e no domínio de um sobre a passividade do outro, fundamentos de uma instituição hierarquizada na qual a graduação constitui a pedra de toque do edifício. Lacan frisa aí o encobrimento da concepção freudiana de vínculo social por uma concepção empírica que fala de "relação social" ou "interação" entre dois indivíduos. Freud, especialmente em seu ensaio *Psychologie des foules et analyse du moi* [Psicologia das massas e análise do eu], destaca a inutilidade da diferenciação entre psicologia individual e psicologia social, demonstrando que existe sempre um "outro" — modelo, objeto, rival — na vida psíquica do indivíduo. Mas nessa crítica da concepção psicologista do vínculo social, que ignora a contribuição freudiana, também podemos ler as premissas da superação da concepção freudiana operada por Lacan. Já não se trata mais do "outro" como imagem ou objeto interiorizado pelo sujeito, mas do "Outro" como instância terceira, como forma, lugar de determinação inconsciente.

Ao contrário de Freud, que havia se apropriado da questão da análise leiga para evidenciar que, para além do aspecto técnico da referida questão, toda a psicanálise corria risco, Lacan toma como ponto de partida a "situação da psicanálise" nos anos 1950 a fim de analisar aspectos técnicos portadores do perigo cujo agente ele não hesita muito em distinguir: menos a medicina que a psicologia, especialmente sob a forma dessa corrente pseudoteórica, o behaviorismo, que, em conjunção com o a-historismo específico da "cultura própria aos Estados Unidos do Norte", passou a "recobrir *na*[33] psicanálise a inspiração freudiana",[34] frisa ele. Para designar essa *situação* em que a disciplina se encontra no fim da Segunda Guerra Mundial, para "produzir" esse *momento*, Lacan intervém com grande quantidade de textos de importância desigual, mas sempre perfeitamente ajustados aos alvos visados.[35]

Se um *momento* precisa ser teorizado por *Um* para ser reconhecido, precisa ser nomeado para ser decifrado, lido, discutido e levado em consideração pelos outros, com a finalidade de combater seus perigos, o psicanalista francês se mostra à altura desse tipo de tarefa. Com efeito, ele vai nomear esse *momento* no tempo em que o identifica, vai incluí-lo por meio de um termo, um *significante* em condições de indicar a possível superação da armadilha ameaçadora. Para isso, Lacan efetua uma manobra que podemos considerar estratégica: longe de rejeitar o ensinamento freudiano, assimilando-o à caricatura psicologizante então oferecida, ele identifica que se trata apenas de um mascaramento desse ensinamento, o qual continua intacto, devendo apenas ser *re*descoberto. Houve uma tentativa de enterro de tal ensinamento, e ele precisa levar ao pé da letra esse tipo de desvio para estar em condições de dar nome à sua abordagem, a saber, um *retorno* a Freud, que vai assemelhar-se a uma espécie de campanha de escavação, no sentido arqueológico do termo tão caro a Freud, sendo as escavações as *reviradas* das camadas sedimentadas que recobrem o que ele está buscando; que seja desenterrado esse texto freudiano, que sejam trazidas à luz do dia as deformações que sofreu, e que o ensinamento freudiano possa ser decifrado linha a linha, em sua versão inicial, em sua língua original.

Empenhado em esclarecer o sentido da sua empreitada e dissipar as possíveis ambiguidades a que poderia dar lugar esse significante retorno, Lacan especificaria, cerca de dez anos depois, a utilização que dele fez num trecho com título indicador de uma abordagem já retrospectiva, *De um desígnio*: "Vemos então que a palavra de ordem de que nos armamos, o retorno a Freud, nada tem a ver com a volta às origens, que aqui como em qualquer outro lugar poderia perfeitamente significar apenas uma regressão."[36] Diferente de um movimento regressivo, esse retorno tantas vezes reafirmado como pura e simples retomada do que Freud disse é, na verdade, uma oportunidade para que Lacan apresente sua própria conceitualização com base nos conceitos freudianos que vai desenterrando. *Retorno*, atualização, mas também avanço, superação e até *corte*[37] em relação ao texto do pai da psicanálise, operações nem sempre anunciadas como tais e que às vezes tornam complexa a leitura desse *retorno a Freud*.

Para efetuar essa reformulação, ao mesmo tempo que se esforçava para dar a sensação de que se mantinha o mais perto possível do texto freudiano, Lacan se valeria de todas as disciplinas que, segundo ele, tinham alguma afinidade com a psicanálise ou eram suscetíveis de enriquecê-la, e isso não numa perspectiva de *aplicação*, mas literalmente para servir-se delas, na tentativa de operar uma escuta mais verdadeira dos processos inconscientes, isentando sua abordagem de todo traço de psicologia. Empréstimos, portanto, mas não revestimento, antes torções, transformações — o que não deixou de suscitar toda sorte de polêmicas — dos mencionados empréstimos para refundir cada uma das dimensões constitutivas da teoria psicanalítica. Dessas "viagens" à filosofia, hegeliana e depois heideggeriana, à linguística saussuriana e depois jakobsoniana, à etnologia estruturalista lévi-straussiana, à lógica matemática e depois à topologia, Lacan sempre voltava carregado de malas das quais extraía material, não sem antes submetê-lo a exames minuciosos, para fecundar um ensinamento que era constantemente remanejado e desenvolvido nesse movimento entre sessões e sessões de seminários.

Simultaneamente a esse remanejamento teórico cujos axiomas fundadores conhecemos — o inconsciente estruturado como uma linguagem, o significante representando um sujeito para outro significante, o inconsciente como discurso do *Outro* —, o psicanalista francês considerava que a transformação da psicanálise freudiana numa *Psicologia do eu* não dizia respeito apenas à teoria, mas também à formação dos analistas e, portanto, às modalidades de organização e funcionamento das instituições nas quais eles se reuniam, que estavam em perfeita adequação com esse substituto da psicanálise e contribuíam para sua reprodução. Para além da descrição crítica imersa em ironia mordaz que ele faria dessa verdadeira central institucional da psicanálise em que havia se transformado a IPA, Lacan continua pautado pela ideia de que os dois aspectos desse desvio da psicanálise, o teórico e o institucional, estavam imbricados, de tal maneira que a formação dos analistas havia se tornado "um formalismo decepcionante que desestimula a iniciativa, penalizando o risco, e que transforma o reinado da opinião dos doutos no princípio de uma prudência dócil na qual a autenticidade da busca se embota e acaba ressecando".[38]

Juntamente com outros analistas, em muitos casos jovens enfrentando os critérios burocráticos da Société Parisienne de Psychanalyse (SPP) que deveriam reger sua formação de analistas, Lacan é levado a deixar essa associação, que era — e continua sendo — integrante da IPA. Seria a primeira cisão do movimento psicanalítico francês, a de 1953. Com isso, os dissidentes não parecem ter se dado conta de que estavam *de facto* se excluindo da IPA; esquecimento, ato falho cujos efeitos se manifestariam cerca de dez anos depois. Após essa primeira cisão, Lacan participa da fundação da Société Française de Psychanalyse (SFP) com aqueles egressos, junto à qual rapidamente haveria de opor-se a esse produto híbrido, emanação dessa cultura americana importada e moldada na França, privilegiando a dimensão quantitativa das ciências humanas que ele não se cansaria de combater: o projeto de uma "Unidade da psicologia" proposto por Daniel Lagache.[39] Esse projeto não passa na verdade de uma espécie de aliança de objetivos fusionais, ou pelo menos coexistenciais, entre, por um lado, um procedimento "clínico" que relegava a psicanálise a um lugar de assento extra,[40] e, por outro, a psicologia experimental de inspiração behaviorista. Ante tal projeto, Lacan distingue uma resistência, na melhor das hipóteses, e uma rejeição deliberada das estruturas da linguagem, de maneira mais genérica, as quais ele então se esforça por demonstrar que são a própria essência do inconsciente.

O produto híbrido que Daniel Lagache queria promover teria se amoldado a uma estrutura institucional inteiramente baseada numa concepção profissional e corporativista da psicanálise, aquela mesma em que havia se transformado a IPA, fundada por Freud em 1910 com um objetivo oposto. Lacan percebe que, para fazer frente a esse duplo desvio, teórico e institucional, que começava a sufocar a descoberta freudiana, seria preciso "remontar às causas dessa deterioração", conceber uma instituição diferente, em condições de garantir uma formação do psicanalista que seja de ponta a ponta analítica em seu conteúdo e em sua forma.[41] Em outras palavras, está na hora e é "legítimo aplicar o método psicanalítico à coletividade"[42] que apoia a abordagem da reformulação teórica empreendida por ele. A instituição IPA, escreve ainda Lacan, "tornava inevitável o recalque da verdade que se verificou", a verdade de que eram portadores os conceitos freudianos. Ela está na origem da "extraordinária cacofonia representada atualmente pelos discursos de surdos a que se entregam no interior de uma mesma instituição diferentes grupos, e, no interior dos grupos, os indivíduos, que não se entendem entre eles quanto ao sentido de somente um dos termos que aplicam religiosamente à comunicação e à direção de sua experiência..."[43]

Lacan se defronta, portanto, com essa ideia tenaz e inovadora lembrada por Solal Rabinovitch[44] ao referir-se a um de seus textos mais célebres,[45] no qual ele menciona o "seu empreendimento desesperado porque impossível, [o de] fazer uma escola sem grupo, ou seja, uma escola que dependa apenas dos elos do discurso analítico".[46]

Tal empreendimento, no entanto, viria a ocorrer em 1963, quando a SFP, com o objetivo de reparar o esquecimento da sua exclusão *de facto* da IPA, solicitou reintegração à associação internacional. Num reconhecimento, por oposição, dos avanços lacanianos e da hostilidade do seu iniciador frente às normas e ao *modo de pensamento* dominante da IPA, esta recusou o reconhecimento de Lacan como didata, o que redundava em invalidar sua prática e a teoria a ela subjacente. Seria a segunda cisão do movimento psicanalítico francês, levando Lacan a fundar em 1964 a École Freudienne de Psychanalyse (EFP), que teria entre seus objetivos a constituição desse tipo de agrupamento a partir apenas "dos elos do discurso analítico", mediante certo número de inovações que, por sua vez, haveriam de tornar-se características de toda associação de analistas que seguem o ensinamento do psicanalista francês. Foi o início de uma espécie de época de ouro, o da publicação dos *Escritos*, e também de uma audiência ultrapassando em muito as fronteiras francesas. O combate parecia vencido, mas Lacan não ignorava que a guerra estava apenas *re*começando.

2004 e depois, o momento contemporâneo?

O que acontece com a psicanálise neste ano de 2004, e talvez mesmo nos anos que o antecederam? Ela corre perigo mortal, como aconteceu em 1926 e 1956? Seria esse período aquilo que chamamos de *momento*, inspirando-nos em Pocock? Em caso de resposta positiva, muito provavelmente não se trata, assim como não se tratava nas duas ocorrências anteriores, de um risco de desaparecimento brutal por meio de não se sabe qual decreto ou proibição à atividade dos psicanalistas, mas antes de um perigo de sufocamento insidioso, de silenciosa suavização capaz de transformar lenta mas indubitavelmente a psicanálise numa forma de psicoterapia entre outras, através de uma psicologização que poderíamos dizer "suave", embora seus postulados iniciais traiam uma ótica de adestramento. Em suma, uma psicanálise domesticada? Cabe perguntar se esse estágio não está hoje em vias de ser superado, e se a questão já não é agora uma erradicação discreta da psicanálise, consequência lógica da que já está em curso no caso da psiquiatria.[47]

O puro e simples resvalar da psicanálise para uma inscrição na ordem das psicoterapias, resvalar que com o tempo levaria ao seu desaparecimento, poderia representar ilusoriamente, para os psicanalistas que resolvessem dele participar, a vantagem de constituir um anteparo contra os ataques provenientes das formações cientificistas[48] que seguem os desdobramentos acelerados das neurociências. Com efeito, na medida em que essa psicanálise *new look* apresentasse menor "rigidez" teórica e prática, aceitasse sem pestanejar a abordagem psicoterapêutica — pois não se fala em certos meios psicanalíticos de "psicoterapia analítica"?[49] —, ela poderia banalizar-se e, com isso, obter maior adesão do "público". Qualquer que seja a cegueira de mais de um analista a esse respeito, deve de qualquer maneira ficar claro que, nos termos da lei de regulamentação do exercício das psicoterapias, é a psicanálise que vai pagar a conta, perdendo sua autonomia em relação ao poder público e, portanto, sua especificidade.

A falta de distanciamento histórico, a ausência de textos capazes de marcar época e também de um autor que tenha nomeado e teorizado o tempo presente para transformá-lo num *momento* são fatores que nos impedem de avaliar de maneira definitiva a natureza do tempo em que vivemos e fazer prognósticos sobre o que este pode trazer em seu bojo. Mas podemos afirmar que existe um perigo, que aumenta a preocupação a respeito da psicanálise e do seu devir na França, e que essa incerteza apenas cresceu, em particular, depois da votação da lei já mencionada.

Além desse perigo decorrente do poder público, existem outros, especialmente o desenvolvimento de concepções do funcionamento psíquico perfeitamente opostas àquela inerente ao procedimento psicanalítico, anunciando ruidosamente que é necessário adaptar a abordagem analítica aos novos modos de ser, às novas psicopatologias e, finalmente, aos novos sujeitos. Esses procedimentos, sejam ou não inspirados em Lacan, estão mais ou menos explicitamente de comum acordo com esse desvio que consiste em enfraquecer a psicanálise até assimilá-la a uma psicoterapia. Também devemos levar em conta a espécie de apatia que reina entre os psicanalistas, cuja lendária antipatia a toda forma de prática política, somada às divisões teóricas e institucionais, não facilita uma reação capaz de aliar a dimensão política do combate a ser empreendido a uma posição que se mantenha *analítica*. É esse duplo perigo, bem como a possibilidade que este abre de reconhecer no tempo em que vivemos um *momento* comparável aos que identificamos, que devemos aqui tentar delimitar com mais precisão.

Nos anos de 1926 e 1956, em conjunturas históricas distintas, Freud e Lacan se depararam com manifestações de um *modo de pensamento*, de origem amplamente americana, capaz de enfraquecer a psicanálise para melhor engoli-la. Se esse modo de pensamento se desenvolveu na França a ponto de criar no país as condições de uma transformação esterilizante da psicanálise, parece que a refundição lacaniana constituiu uma interrupção desse domínio do pensamento empirista e instrumental. Não resta dúvida de que houve então uma espécie de tempo de pausa, que se caracteriza, para além das contradições nele manifestas, por privilegiar formas de pensamento qualitativo em detrimento das visões estritamente quantitativas.

Passado esse tempo de pausa, contudo, as leis do mercado voltaram a dominar. O capitalismo começou a crescer de maneira exagerada, na forma do que veio a ser alternadamente chamado de *mundialização* e depois de *globalização*, e que parece mais rigoroso ser chamado atualmente de *neoliberalismo*.[50]

Em 1980, um ano antes de morrer, Jacques Lacan declarou a dissolução da *sua* escola, essa escola que ele desejara *analítica* de ponta a ponta. Falaremos mais adiante das condições desse acontecimento,[51] mas cabe lembrar um ponto essencial, a saber, que essa dissolução deve ser entendida como um *ato analítico*. A cisão e a dispersão do movimento lacaniano que se seguiram devem ser encaradas, muito além da marca de um fracasso, de maneira bastante diferente do que seriam caso se tratasse do processo de *pânico* que Freud considera instaurar-se quase automaticamente quando desaparece o *mestre* de um grupo organizado. Esse ponto implica que a reflexão teórica supera essa concepção freudiana do coletivo, do social e, finalmente, da dimensão política. Se a dissolução da EFP por seu fundador é de fato um ato analítico *e* político, isto significa que, apesar de suas falhas e defeitos, a EFP não foi apenas uma *reunião de analistas* regida por procedimentos regulamentares e administrativos. O fato de a dissolução da EFP ser ainda hoje pensada como uma decisão arbitrária de Lacan, a ser atribuída à sua idade e, por que não, à sua psicologia, como um simples acontecimento institucional e mesmo político, carregado para alguns de nostalgia ou amargura, vem a constituir um dado atestável que se traduz no fato de a grande maioria das escolas de analistas lacanianos ter dificuldade precisamente de superar esse estágio de associação ou deixar de voltar a ele. Os psicanalistas também parecem estar hoje diante de dificuldades tanto internas, seja no trabalho teórico ou nas relações entre eles mesmos, entre suas instituições, suas revistas, quanto externas — relações eventualmente conflituosas com o poder público ou com o que se convencionou chamar de meios de comunicação, supondo que nessas relações entre em jogo um pensamento ao mesmo tempo analítico *e* político.

Caberia desenvolver igual abordagem crítica do que acontece atualmente nos meios psicanalíticos lacanianos em relação à sua formação, cuja importância já frisamos, para "tornar-se" analista e do que está implicado no recurso ao dispositivo do passe.[52] Hoje, no que diz respeito a esse dispositivo — da explicitação, a cada vez singular, por um analisante, do que o levou a desejar tornar-se analista —, cabe inicialmente distinguir entre os grupos lacanianos que não o inscreveram em suas práticas e aqueles que, tendo-o conservado, enfrentam dificuldades no que diz respeito à sua função, sua relação conceitual e prática com a questão do fim da análise, mas também o que se segue propriamente ao passe, a saber, uma nomeação — ou não — e o sentido que pode ter essa nomeação ou sua ausência: quais os efeitos dessa nomeação e especialmente do resvalar que consiste em entendê-la como acesso a uma espécie de graduação que se abre para funções institucionais no interior de determinado coletivo?

Outro problema se coloca, na origem dos mal-entendidos igualmente portadores de uma deriva institucional e psicologizante da psicanálise: o problema da psicanálise na universidade. Nesse ponto, a questão não é tanto a da sua inscrição numa luta direta contra a psicologia cognitiva e seus sucedâneos na universidade, mas a da sua existência enquanto tal, da sua presença no ensino universitário sob o significante *psicanálise*, claramente diferenciado da *psicopatologia* ou da *psicologia clínica*. A presença da psicanálise como tal na universidade, reivindicada tanto por Freud quanto por Lacan — desse ponto de vista, Ferenczi foi um pioneiro no breve espaço de liberdade constituído pela Comuna de Budapeste —, deve ser da esfera das associações e escolas, guiadas pela preocupação em manter a dimensão cortante e a especificidade da psicanálise, que se apoiam no processo de análise antes de mais nada. Essa presença *verdadeira*, analítica, implicaria no mínimo não ser garantida nem inscrita em contextos definidos por títulos e diplomas, quaisquer que sejam.

A psicanálise não é nem nunca será uma *concepção do mundo*, Freud foi muito claro a respeito.[53] Tampouco é uma religião ou uma filosofia. Não pode aceitar nenhuma forma de instrumentalidade nem submeter-se a qualquer utilitarismo. Ela só é terapêutica, Freud e Lacan insistiram amplamente nisso, acessoriamente, *por acréscimo*, disse Lacan. Exterior a todas essas perspectivas, a psicanálise é uma *ética* de vida: aquele que a ela se submete como analisante e depois, eventualmente, como analista, inscreve-se numa relação com os outros e com o mundo que não pode ser reduzida a nenhuma outra: "Não deixa de chamar a atenção", afirma Lacan na abertura do seu seminário *A ética da psicanálise*,

> que tanto pelos meios que empregamos quanto pelas ferramentas teóricas que colocamos em primeiro plano, a ética da psicanálise — pois existe uma ética — comporta o apagamento, o deixar na sombra, o recuo e mesmo a ausência de uma dimensão da qual basta dizer o termo para perceber o que nos separa de toda a articulação ética antes de nós — é o hábito, o bom ou o mau hábito.[54]

Notas

1. John Greville Agard Pocock, *Le moment machiavélien* [O momento maquiavélico] (1975), Paris, PUF, 1997.
2. Sigmund Freud-Ludwig Binswanger, *Correspondance 1908-1938* [Correspondência 1908-1938], Paris, Calmann-Lévy, 1995.
3. Sigmund Freud, *Abregé de psychanalyse* [Esboço de psicanálise] (1946), Paris, PUF, 1978.
4. Jacques Lacan, *Le moment de conclure* [Momento de concluir], 15 de novembro de 1977, inédito, citado por Erik Porge in *Des fondements de la clinique psychanalytique* [Os fundamentos da clínica psicanalítica]. Ramonville-Saint-Agne, Érès, 2008.
5. Sigmund Freud. *La question de l'analyse profane* [A questão da análise leiga] (1926), Paris, Gallimard, 1985. É a esta edição, contendo um *Prefácio* de J.-B. Pontalis e um apêndice de Michel Schneider intitulado "La 'Question' en débat" [A questão em

debate] que recorremos nesse texto, exceto no caso do posfácio e do *post-scriptum* de Freud, escrito em 1935, que lemos na edição das *Oeuvres complètes* [Obras completas], volume XVIII, Paris, PUF, 1994, edição que contém, além do referido *post-scriptum*, as célebres três páginas desse posfácio encontradas por Ilse Grubrich-Simitis, que Freud, a conselho de Ernest Jones e Max Eitingon, suprimiu no momento da publicação; três páginas, e não três frases, como alegou Jones, nas quais a abordagem americana, tanto em matéria de psicanálise quanto no resto, é vivamente questionada. Cf. *infra* no que diz respeito à importância deste ponto.

6. A quem escreveu o seguinte em 22 de abril de 1928, ou seja, dois anos depois de sua intervenção:

    Em toda parte o desenvolvimento interno da psicanálise vai de encontro a minhas intenções, afastando-se da análise leiga em direção a uma especialidade puramente médica, o que considero nefasto para o futuro da análise. Na verdade, estou certo apenas de você, a saber, de que compartilha sem reservas meu ponto de vista.

    Sigmund Freud-Sandor Ferenczi, *Correspondance 1920-1933. Les années douloureuses* [Correspondência 1920-1933. Os anos dolorosos], Paris, Calmann-Lévy, 2000, p. 378.

7. Sigmund Freud-Ernest Jones, *Correspondance complete 1908-1939*, [Correspondência completa 1908-1939], Paris, PUF, 1998.

8. O conjunto das contribuições, traduzido para o francês, foi publicado na revista *Le Coq Héron*, 1998, n° 150.

9. Analisado e comentado de forma notável por Michel Schneider em seu texto já mencionado, intitulado "La 'Question' en débat", publicado em anexo da edição Gallimard do texto de Freud.

10. Sigmund Freud, *La question de l'analyse profane* [*A questão da análise profana*], *op. cit.*, 1985, p. 106.

11. *Ibid.*, p. 11.

12. *Ibid*, p. 103.

13. *Ibid*., p. 111-112.

14. Cf. entre outros J.-B. Pontalis, *Avant-propos, op. cit.*, 1985, Françoise Samson, "À propos de l'analyse profane" [A propósito da análise leiga], *Le Coq Héron*, 1998, 150, p. 2-4.
15. Michel Schneider, "La 'Question' en débat", *op. cit.*, 1985, p. 174.
16. O itálico é nosso.
17. Sigmund Freud, *op. cit.*, 1985, p. 143.
18. Ilse Grubrich-Simitis, *Freud: retour aux manuscrits* (1993), Paris, PUF, 1997.
19. Jacques Lacan, *Télévision*, Paris, Seuil, 1973, p. 67.
20. *Correspondance de Sigmund Freud avec le pasteur Pfister 1909-1939*, carta de 20 de agosto de 1930, Paris, Gallimard, 1966, p. 194.
21. Sigmund Freud, *Le malaise dans la culture* (1930), Paris, PUF, col. "Quadrige", 1995, p. 58. Nota-se nesse trecho que Freud se isenta de qualquer forma de antiamericanismo, esclarecendo que isso poderia dar a impressão de que ele próprio estivesse disposto a valer-se dos "métodos americanos".
22. Cerca de trinta anos depois, podemos ler pela pena de Theodor W. Adorno, que não era psicanalista nem considerado um adepto incondicional da teoria freudiana, estas linhas sem nenhuma ambiguidade, visando os psicanalistas americanos, entre eles Karen Horney: "Em suas mãos — as mãos dos revisionistas —, a teoria freudiana transforma-se em mais um meio de integrar as moções psíquicas ao *statu quo* social. Eles fazem da análise do inconsciente uma parte da cultura de massa industrializada; de um instrumento a serviço do Iluminismo, um instrumento servindo para criar a ilusão de que a sociedade e o indivíduo e de que a adaptação à realidade todo-poderosa e a felicidade se misturam."

    T. W. Adorno, *La psychanalyse revisée* (1946), Paris, Éditions de l'Olivier, 2007. Veremos adiante que, valendo-se de termos semelhantes, os ataques de Lacan visam o mesmo alvo de uma adaptação da psicanálise ao modo de vida americano.
23. Edward Timms, *Freud et la femme-enfant. Mémoires de Fritz Wittels*, Paris, PUF, 1999, p. 150-151.

24. *Ibid.*, p. 174. A questão levantada por Freud nessa circunstância epistolar é a mesma subentendida em seu ensaio sobre a análise leiga, a saber, a questão que René Major e Chantal Talagrand delimitam perfeitamente ao falar do "direito *à* psicanálise" e do "direito *da* psicanálise". René Major e Chantal Talagrand, *Freud*, Paris, Gallimard, col. "Folio biographies", 2006, p. 275.
25. *Ibid.*, p. 151. Freud já utilizara essa imagem em carta de 31 de outubro de 1920 a Ferenczi (*Correspondance complete* [Correspondência completa], *op. cit.*, vol. 3, p. 39) sobre a eventual criação de um Instituto de Psicanálise em Viena; essa ideia, escreve, "não convém a Viena, um corvo não deve vestir uma camisa branca".
26. Élisabeth Roudinesco, *Histoire de la psychanalyse en France* [História da psicanálise na França], Paris, Fayard, 1994, vol. 2, p. 191.
27. Cabe supor que essa escolha "a título de exemplo" nada tenha de indiferente, se lembrarmos que Ellis Island foi um centro de triagem de imigrantes que tinha todas as características de um campo de concentração.
28. In *Écrits, op. cit.*, 1956.
29. Essa dominação de modo algum foi impedida pelo comunismo stalinista, literalmente cego quanto ao que a psicanálise podia revelar de um homem que não fosse de mármore nem de ferro. Essa cegueira stalinista e a rejeição nela implicada de qualquer referência à psicanálise, considerada uma "ciência burguesa", não poupou, como se sabe, o ramo francês do comunismo internacional, ou seja, o Partido Comunista Francês. Mas cabe lembrar que nesse clima obscurantista houve intervenções que divergiram da direção do "Partido", tendo ficado mais conhecida a dos escritos de Louis Althusser, que frisava para os colegas e todos os militantes revolucionários a incontestável importância da teoria psicanalítica, no que se refere à obra freudiana ou ao caráter decisivo da reformulação lacaniana. Cf. em especial Louis Althusser, *Écrits sur la psychanalyse, Freud et Lacan* [Escritos sobre a psicanálise, Freud e Lacan], Paris, Stock-IMEC, 1993, reedição, col. "Biblio-Essais", 1996.

30. Jacques Lacan, "La chose freudienne ou Sens du retour à Freud en psychanalyse" [A Coisa freudiana ou o sentido do retorno a Freud em psicanálise] (1955), in *Écrits* [Escritos], Paris, Seuil, 1966, p. 401-436.
31. *Op. cit.*, 1955, p. 402.
32. *Ibid.*, p. 403.
33. Frisamos esse *na* que não indica perfeitamente a operação que mencionávamos ao falar do "cavalo de Troia".
34. Jacques Lacan, *op. cit.*, 1953, p. 245.
35. Entre os textos mais importantes, assinalamos três, que não seria o caso aqui de resumir, mas que constituem referências: em 1953, o Relatório do Congresso de Roma, em 1955, a conferência pronunciada em Viena, e o texto escrito para o centenário de nascimento de Freud, "Situation de la psychanalyse et formation du psychanalyste en 1956" [Situação da psicanálise e formação do psicanalista em 1956], in *Écrits, op. cit.*, p. 459-491, a partir de agora identificado como "1956".
36. Jacques Lacan, *Écrits*, p. 365.
37. Sobre a importância dessa operação de *corte*, cf. Erik Porge, *Des fondements de la clinique psychanalytique, op. cit.*
38. *Op. cit.*, 1953, p. 239.
39. Cf. Alejandro Dagfal, "La psychanalyse à l'intérieur de la psychologie: les avatars du projet de Daniel Lagache" [A psicanálise no interior da psicologia: as transformações do projeto de Daniel Lagache], *Essaim*, 2002, n° 9, Ramonville-Saint-Agne, Érès.
40. Cf. E. Roudinesco, *op. cit.*, 1994, p. 554.
41. Cf., sobre essa questão, o livro de Annie Tardits, *Les formations du psychanalyste* [As formações do psicanalista], Ramonville-Saint-Agne, Érès, 2000.
42. 1953, p. 244.
43. Jacques Lacan, "La psychanalyse et son enseignement" [A psicanálise e seu ensino] (1957), *Écrits, op. cit.*, 1966, p. 458.
44. Solal Rabinovitch, "En passer par les signifiants de Lacan", *Essaim* n° 1, Ramonville-Saint-Agne, Érès, 1998, p. 15-32.
45. Jacques Lacan, "L'étourdi", *Scilicet* n° 4, 1973, in *Autres écrits*, Paris, Seuil, 2001.

46. Solal Rabinovitch, *op. cit.*, 1998, p. 19.
47. Consagração dessa abordagem que consiste no estabelecimento de uma psiquiatria assimilada a um empreendimento repressivo, eis o sentido do discurso pronunciado por Nicolas Sarkozy, presidente da República, no Centro Hospitalar Especializado de Antony em 2 de dezembro de 2008.
48. No sentido em que Lacan fala das "formações do inconsciente".
49. Cf. os debates a respeito reunidos na pequena obra organizada por Daniel Widlöcher, *Psychanalyse et psychotherapie* [Psicanálise e psicoterapia], Ramonville-Saint-Agne, Érès, 2008.
50. Cf., a esse respeito, o livro de Wendy Brown, *Les habits neufs de la politique mondiale. Néolibéralisme et neoconservatisme* [Os fatos novos da política mundial. Neoliberalismo e neoconservadorismo] (2003), Paris, Les Prairies ordinaires, 2007.
51. Cf., a esse respeito, sobre a dissolução da EFP, sobre o futuro "De la communauté issue de l'enseignement de Lacan" [Da comunidade gerada pelo ensino de Lacan], o n° 1 da revista *Essaim*, *op. cit.*, assim como o cap. II deste livro.
52. Sobre o passe, ver caps. II e III deste livro.
53. Sigmund Freud, "Sur une *Weltanschauung*", in *Nouvelles conférences d'introduction à la psychanalyse* [Novas conferências introdutórias sobre psicanálise] (1933), Paris, Gallimard, 1984.
54. Jacques Lacan, *Le Séminaire*, livro VII, *L'éthique de la psychanalyse* [O seminário, livro 7, a ética da psicanálise], Paris, Seuil, 1986, p. 19.

2. Uma dissolução que não acaba... de não fundar

A votação da lei de saúde mental sobre as psicoterapias em 2004 é um sinal que nos leva a levantar, como se viu, a hipótese de um terceiro *momento* para a psicanálise. A maneira como os analistas reagiram ao projeto de lei faz parte daquilo que dá forma à existência desse terceiro momento. Essa existência concerne tanto mais aos analistas na medida em que eles participaram, associados ou não, da sua criação, alguns deles tendo contribuído para a elaboração da lei.

Na maneira como reagiram à redação dessa lei, destaca-se um traço que nos parece significativo: eles trabalharam desorganizadamente, sem anterior deliberação entre si. Ocorreram reuniões das mais diversas orientações, mas elas não foram precedidas nem acompanhadas por debates sérios. Além disso, na maioria dos casos, os que declaravam representar essas reuniões não tinham consultado sua "base", que na realidade estava dividida.

Não ao acaso os analistas agiram de maneira desorganizada. Os lacanianos estavam dispersos desde a dissolução da École Freudienne de Paris (EFP) em 1980. Nossa hipótese é de que a maneira como eles participaram da elaboração do projeto de lei evidencia que a dissolução da EFP continua sendo um fator impensado de seu discurso, que assombra as relações entre eles e o poder público. Os pseudoagrupamentos ocorridos durante a elaboração do projeto de lei e a seu favor são como o conteúdo de um sonho de retorno a um estado anterior à dissolução — eles constituem a negação, o recalque ou a foraclusão, conforme o caso, dessa dissolução.

Esta seria, portanto, uma questão desse terceiro *momento*: suspender o esquecimento (como forma de lembrança sempre ativa) da dissolução da EFP em 1980 e, mais exatamente, formular sua justa interpretação. Com esse objetivo, estabeleceremos uma relação entre o momento da fundação da EFP em 1964 e o da sua dissolução em 1980, para ressaltar suas diferenças e semelhanças. Não se trata de refazer a história desses dois momentos, mas de apreender os fatos envolvidos nas questões doutrinárias decisivas, que ainda hoje têm consequências. Ao aproximar a fundação da EFP da sua dissolução, tentaremos ressaltar que há dissolução na fundação e vice-versa.

Em 1964, Lacan associa à fundação de sua escola uma dupla operação teórica na qual entra em jogo uma forma de dissolução. Para começar, ele questiona a unicidade e a identidade do significante "Nome-do-Pai", no qual se baseava boa parte do seu ensino. A identidade desse significante é literalmente dissolvida pela abertura a uma pluralidade dos "Nomes-do-Pai", título do seminário de 1963. Lacan não se explica a respeito desse questionamento, mas podemos fazer algumas conjeturas sobre o que o leva a essa mudança, que prenunciaria outras.[1]

Além disso, o psicanalista destaca um novo significante importante, o "sujeito suposto saber", que motiva a transferência e está destinado a dissolver-se no fim da análise.[2]

Ao basear sua escola numa referência a esse significante que intervém como terceiro na relação analisante-analista, Lacan tenta reunir aqueles que o seguem numa transferência em torno da escola, ao mesmo tempo que em torno do trabalho de dissolução desse significante, da mesma forma que numa análise pessoal.

A fundação da École Freudienne de Paris em 1964

Em novembro de 1963, Lacan suspende, depois da primeira sessão, o seminário que pretendia fazer no ano de 1963-1964 e que se intitulava, como vimos, Os "Nomes-do-Pai". Tarde da noite anterior, ele fora informado de que a Société Française de Psychanalyse (SFP) havia aprovado a Diretriz de Estocolmo lançada pela IPA, que o excluía da lista dos didatas.[3] Que esta decisão tivesse levado Lacan a deixar a SFP e a inscrever seu seminário em outro lugar, teria sido compreensível. Mas não foi isso que ele fez, o que merece uma explicação.

Após a suspensão do seu seminário, ele interpretou a exclusão de que fora alvo como uma maneira de impedi-lo de falar precisamente dos Nomes-do-Pai (no plural), até porque esse tema dizia respeito à origem da psicanálise e a seu vínculo com algo que, em Freud, não fora analisado.[4] Além disso, seguindo o fio da sua interpretação, ele decidiu não mais falar dos Nomes-do-Pai. O que, de fato, faria até 1973, quando retomou o problema de outra maneira, utilizando a topologia borromeana e modificando o sentido que havia conferido inicialmente ao significante Nome-do-Pai.

Em janeiro de 1964, ainda membro da SFP, Lacan ao deixar Sainte-Anne, é recebido, na École Normale Supérieure da rue d'Ulm por Louis Althusser para reiniciar um seminário sobre outro tema, "Os fundamentos da psicanálise", que seria publicado com o título de *Les quatre concepts fondamentaux de la psychanalyse* [Os quatro conceitos fundamentais da psicanálise]. Ele pretende, assim, definir os requisitos que talvez pudessem tornar audível a retomada de outro ponto de vista do significante Pai. Entre esses requisitos está, principalmente, o que se refere ao novo significante: o sujeito suposto saber.

Ao relacionar a transferência ao sujeito suposto saber e a tudo o que se vincula a esse termo (o cogito de Descartes, o advento da ciência moderna, a divisão do sujeito entre saber e verdade...), Lacan *desloca* a problemática da transferência inspirada em Freud, inscrevendo-a em outras bases. Esse deslocamento constitui, ao mesmo tempo, o início de uma análise da transferência *a* Freud, inicialmente no que lhe diz respeito. Em paralelo, ele introduz uma nova função, a do "desejo do analista" como "desejo de obter a diferença absoluta", para designar a alavanca da operação analítica na análise da transferência.

Após esse seminário, em junho de 1964, Lacan funda a EFP. Do enunciado dos fundamentos doutrinários, que deslocam os de Freud, à fundação de uma Escola freudiana há apenas um passo, o ato. "Eu fundo — sozinho como sempre estive na minha relação com a causa psicanalítica...". Lacan está sozinho no ato, mas não é o único a efetuá-lo, e o faz para não mais estar sozinho. "Era precisamente à minha solidão que eu renunciava ao fundar a Escola, e o que tem ela a ver com aquela em que se escora o ato psicanalítico, senão poder dispor de sua relação com esse ato?"[5]

Esse ato se inscreve contra o pano de fundo do remanejamento das relações do individual com o coletivo, caminhando no sentido de uma superação da oposição entre os dois termos em proveito de uma problemática da identificação do sujeito.[6] É, por sinal, o que Freud inaugurara ao postular já na introdução da *Psicologia das massas e análise do eu* (1921) que "a psicologia individual também é, desde logo e simultaneamente, uma psicologia social". O momento de superação da oposição individual-coletivo é, aliás, equivalente ao reconhecimento do além-do-mais inapreensível (senão por contagem) de um sujeito do inconsciente, como atesta a bela formulação que resume *Le temps logique* [O tempo lógico]: "O coletivo não é nada senão o sujeito do individual."[7]

No capítulo "Estado amoroso e hipnose", Freud expôs seu célebre esquema das massas que formaliza essa superação da oposição individual-coletivo: "Esse grupo primário é a soma de indivíduos que colocaram um só e único objeto no lugar do seu ideal do eu e em consequência se identificaram uns aos outros no seu eu."[8] Contudo o esquema freudiano comporta certo equívoco quanto à natureza das massas, pois representa ao mesmo tempo o grupo da horda primitiva ao redor do pai e o grupo com o chefe, o herói no lugar do ideal do eu, herdeiro do pai, é verdade, mas *após o seu assassinato*.[9]

Ao apresentar o esquema de Freud no fim do seu seminário de 1964, Lacan — sem dizê-lo como tal, vale frisar — suscita a ambiguidade e introduz uma modificação que o transforma profundamente. Primeiramente, decide em favor do ideal do eu, instância que retoma por conta própria sem, em momento algum, referi-la ao pai. Em compensação, ele a refere ao traço unário.[10] De acordo com a tarefa que abraçou, trata-se de uma *versão fora do Nome-do-Pai*. Ao mesmo tempo, Lacan procede a uma segunda modificação de grande alcance. Substitui o que Freud designa como os lugares do objeto (do eu) e do objeto exterior por *um só* termo, que, ainda por cima, identifica ao objeto da *sua* invenção, o objeto *a*.

As consequências dessa mudança são decisivas para a maneira de encarar a superação da relação do individual com o coletivo. Em vez de vê-la sob o ângulo de uma lógica da medida e da referência a um todo, da qual o Pai seria excluído, o esquema transformado por Lacan introduz o *incomensurável* nessa relação, ou seja, a não medida comum entre o *um* do ideal do eu e o objeto *a*, causa de desejo do sujeito, e conduz ao que mais tarde viria a chamar de uma lógica do não-todo. O não-todo não é uma parte do todo. Não existe um todo do não-todo. O não-todo é a negação da possibilidade de fundar uma proposição universal, especialmente a partir de uma exceção.

Em resumo, a fundação da EFP é uma tentativa de superar a oposição individual-coletivo, considerando que essa superação tem a ver com a problemática da identificação (e não da identidade) do *sujeito*, caracterizado por ser contado *a mais* na relação de um significante a outro e por descompletar o todo de um conjunto que se sustenta na exceção de um Pai.

Seria perpetuar um mal-entendido continuar interpretando a história das relações do individual com o coletivo na EFP em função apenas da referência à versão de *Totem e tabu* do esquema das massas:

> Se quisermos compreender algo da história do movimento psicanalítico dessa época, é necessário levar em conta o que assim se havia constituído e que desembocou numa certa lógica, incluindo um fantasma baseado no mito freudiano da horda primitiva, o que implica a ideia de que seria necessária, antes de mais nada, a morte do pai para que os irmãos rebelados assumissem o controle da situação.[11]

Semelhante interpretação ignora o deslocamento efetuado por Lacan sobre o sujeito suposto saber e seu questionamento, assim como sua reinterpretação do esquema freudiano das massas.

Um caso de escola

Lacan cria uma escola com base naquilo que em 1964 não passa de uma orientação e propõe um funcionamento que se afasta daquele da IPA e de todas as sociedades de psicanálise existentes até então.

Ao qualificar essa escola como "freudiana", ele afirma que, realmente, se situa no contexto da discursividade freudiana, mas o fato de afirmá-lo e a maneira como dá consistência a essa afirmação com novas referências bastam para assinalar que há uma distância, um deslocamento entre Freud e Lacan.

Por que a palavra "escola", que já, em si mesma, inova? Ele se explica em seu *Ato de fundação*. É um termo tomado de empréstimo da filosofia antiga, na qual o ensino era acompanhado por certo estilo de vida. "Deve ser tomado", escreve ele, "no sentido em que, em épocas antigas, queria dizer certos lugares de refúgio, e mesmo bases de operação contra o que já então poderia ser denominado mal-estar na civilização." Não se trata de querer ensinar a psicanálise como um conhecimento universitário, já constituído, mas de "entrar para a escola de", em condições de receber e transmitir o saber do inconsciente, a exemplo do analista que está na escola do analisante. Para tanto, Lacan aposta num funcionamento novo, que suscita o que então denomina de "transferências de trabalho", de forma coerente com uma fundação que deveria favorecer a transferência para a Escola. Inspirando-se nas experiências de Wilfrid R. Bion e John Rickman na Inglaterra durante a guerra, ele inventa o conceito de cartel, pequeno grupo de trabalho composto de três pessoas ao menos, cinco no máximo, "mais uma", como engrenagem essencial da Escola. A designação desse "mais um" tem a ver com a contagem específica do sujeito do inconsciente.[12] Lacan cria também três seções de temas de pesquisa, cada uma delas dividida em três subseções,[13] nas quais os membros da escola são convidados a agrupar-se.

Finalmente, a Escola desvincula os elos hierárquicos que até então existiam entre a análise, a supervisão e o ensino. Essa desvinculação é um traço diferencial em relação às sociedades de psicoterapia.

Sobre a diferença entre certas associações de psicanálise e as de psicoterapia

Do ponto de vista formal, é verdade que existe um traço em comum nas formações propostas pelas associações de psicanálise e de psicoterapia: ambas repousam na conjunção do ensino teórico, da formação pessoal e da supervisão individual ou em grupo. Para além da diferença dos conteúdos do ensino, o que destoa é a articulação dessas três vertentes.

Nas associações de psicoterapia, a formação pessoal, o ensino teórico e as supervisões práticas funcionam em continuidade, formando um todo que deve contribuir para um objetivo definido, de acordo com os ideais da sociedade. Os formadores transformados em modelos transmitem valores ideais ou de "bom senso" no ensino e nas formações individuais. Psicoterapia, ensino e supervisão devem formar um conjunto coerente, no qual saber e verdade estão em adequação.

A fundação da EFP, na verdade, dissociou as três vertentes da formação ao mesmo tempo que manteve uma articulação entre elas. A análise pessoal continuava a ser o lugar operante necessário da psicanálise didática, mas esta não estava reservada a um corpo de didatas. Qualquer analista podia conduzir uma análise, que posteriormente poderia revelar-se como didática. Fiscalizações eram aconselhadas, naturalmente, mas sem prescrição nem avaliação. Era possível que fossem efetuadas com analistas de fora da associação. A escolha dos seminários ficava a critério de cada um, e não havia um programa preestabelecido. Eles não visavam deixar a prática em conformidade com um modelo teórico.

A dissociação, a desvinculação entre as três vertentes da formação refletiam, no âmbito coletivo, a divisão do sujeito e os fenômenos do acaso e da surpresa característicos das formações do inconsciente. Uma escola os colocava para trabalhar para que, a partir de sua atuação, se prolongasse a invenção de Freud.

Essas dissociações persistiram em graus diversos nos grupos que resultaram da dissolução da EFP, donde se verifica uma tendência preocupante de desvio na direção dos modelos corporativistas de funcionamento das associações de psicoterapia e das associações de psicanalistas da IPA, não atravessadas pela problemática da Escola. O artigo 52 da lei de saúde pública, promulgada em 9 de agosto de 2004, só pode acentuar essa tendência.

O passo do passe[14]

Em 1967, a questão a respeito de uma modalidade específica de reconhecimento da formação psicanalítica e de um dizer sobre o desejo do analista se torna insistente. Essa questão fora deixada em suspenso ou, antes, resolvida de forma provisória mediante o reconhecimento da atividade e da competência profissional sob a forma de dois títulos: Analista Membro da Escola (AME), e Analista da Escola (AE), atribuídos por Lacan com a assistência da diretoria da EFP. Essa situação criava tensões entre os membros que desfrutavam de aquisições anteriores à fundação e os recém-chegados, sem título, que aderiam aos projetos de trabalho da escola.

Nesse clima, Lacan escreve sua *Proposition du 9 octobre 1967 sur le psychanalyste de l'École* [Proposição de 9 de outubro de 1967 sobre o psicanalista da Escola], na qual propõe o dispositivo do passe pela primeira vez: um passante encontra dois passadores, aos quais fala daquilo que, em sua análise, o levou a querer tornar-se analista; estes relatam o depoimento do passante diante de um júri de certificação que procede ou não à nomeação do "Analista da Escola" (AE). Esse dispositivo começaria a funcionar só em 1969.[15]

As designações AME e AE não remetem a uma hierarquia, mas a um *gradus*, ou seja, certo *passo* da caminhada, a posição do combatente mas também a passagem marítima.[16] Com o dispositivo do passe, Lacan não visa instalar um contrapoder, mas uma distinção produtiva entre a hierarquia encarnada nos antigos e o *gradus* encarnado pelo estabelecimento do passe, o passo do passe que qualquer um, sem requisito preestabelecido, pode ter vontade de dar (já que o passe não é obrigatório). O passe não é um dispositivo que proporciona uma garantia suplementar, mas um deslocamento do conceito de garantia em ruptura com aquele fornecido por uma hierarquia. A garantia é a da verdade que se manifesta no lugar do Outro, enquanto lugar da fala e tesouro dos significantes. Isso significa que a verdade não é a do absoluto nem a da adequação *rei et intellectus*, mas que ela não é toda dizível e que, quando dita, o é no erro, nos lapsos, nas formações do inconsciente. Nenhum sujeito suposto saber está aí para garanti-la. Ela enfrenta o saber numa relação que divide o sujeito. O modelo dessa garantia é o que opera no *Witz*, o chiste. Este ocorre quando surge uma mensagem nova, semelhante à criação poética, diferente do código já presente, mas que o Outro registra como chiste. A "instituição do Outro coexiste assim com a conclusão da mensagem. Ambos se determinam ao mesmo tempo, um como mensagem, o outro como Outro."[17] Não é, portanto, sem motivo que Lacan disse que o passe extraía seu modelo do *Witz*, e depois, no congresso da EFP em 1973, que a formação dos analistas tinha a ver com as formações do inconsciente.

Com esse dispositivo, confere-se à palavra "Escola" seu sentido de "na escola de". Com efeito, assim como o analista dá a palavra ao analisante, trata-se de dar a palavra ao passante, aquele que quer tornar-se analista, para apreender o que há no "desejo *x*", o desejo do analista, com a diferença, contudo, de que se trata de uma fala indireta, transmitida através da mediação dos passadores que filtram a relação da formação analítica ao inconsciente. O ato de levar em conta o desejo do analista é aí expressamente remetido ao questionamento do sujeito suposto saber, a partir de uma pergunta simples: que desejo pode mover aquele que, ao cabo de sua análise, tendo visto dissipar-se a ilusão do sujeito suposto saber, quer ocupar seu lugar para outros?

O dispositivo do passe fornece, pela primeira vez, uma articulação topológica argumentada entre a didática, ou psicanálise em intensão, e a psicanálise em extensão, ou seja, "o que presentifica a psicanálise no mundo". Até então, os analistas pensavam apenas em termos da fronteira que separa um dentro e um fora, o que alimentava os paradoxos da extraterritorialidade do psicanalista, deixando-o na posição do "corvo de camisa branca" (Freud)[18] ou do morcego da fábula de La Fontaine (Lacan).[19]

A dissolução: fracasso ou revelação?[20]

Em 1980, a École Freudienne de Paris é dissolvida. Os fatores que criaram obstáculos para o novo funcionamento proposto por Lacan são múltiplos, não sendo possível examinar todos. Cabe assinalar, contudo, a importância do fator numérico. Ao ser dissolvida, a EFP contava com pouco mais de quinhentos membros.[21] Sem querer transformar o número num fator decisivo, é certo que, quando ele se torna grande demais, a instituição tende a funcionar como uma massa no sentido freudiano.

O excesso de integrantes da Escola acarretou a formação de agrupamentos disparatados, mais ou menos constituídos, gerando subgrupos em conflito ou rivalidade entre si. Eles já não eram portadores de um projeto de Escola no seu conjunto. Em vez de progredir no questionamento do sujeito suposto saber, a instituição passou a abrigar clãs nos quais se acomodavam posições de mestres sabedores, de mestres-pais [*pèremaîtres*] que distribuíam suas autorizações. A participação, na mesma escola, dos analistas e dos seus analisantes contribuía também para esse desvio. Em vez de trabalhar a transferência, a Escola reforçava a vertente de resistência.

A desvinculação entre análise, supervisão e ensino, que havia regido o funcionamento da Escola, começava a diluir-se. Tendia-se a formar uma classe de controladores entre os AME. As nomeações de AE e AME, em vez de serem consideradas passos de um *gradus*, tendiam a ser entendidas como títulos que restabeleciam uma hierarquia, enquanto a filiação a um ensino representava uma marca identificatória.

Todas essas apreciações são justas embora limitadas, pois se inscrevem na perspectiva de que a dissolução era equivalente ao fracasso da Escola. Sem dúvida, mas fracasso de quê? O que vale mais: uma dissolução ou uma conservação hipnótica como a do Senhor Valdemar no conto de Edgar Poe? Se houve fracasso da Escola (e seria necessário esclarecer no quê), isto significaria que a dissolução foi, por sua vez, um fracasso?

A instituição certamente se inscreveu nas lutas de poder entre as forças que se opunham na EFP, e pode ter sido com o objetivo de expurgo.[22] Mas com frequência as lutas de poder assinalam um recuo, uma regressão a concepções anteriores, diante de questões teóricas novas que justamente poderiam trazer outros pontos de vista.

Toda associação que se cria inscreve no seu estatuto as modalidades de sua dissolução. Nessa perspectiva, a dissolução não deveria ser reconsiderada parte de uma verdade não sabida, não fixada no estatuto da fundação da Escola e do seu projeto? Assim como a fundação da EFP havia se baseado no próprio valor da enunciação (o "Eu fundo sozinho..." de Lacan), a dissolução repousou nesse mesmo valor da enunciação lacaniana na carta de 5 de janeiro de 1980.[23] A autenticidade do texto dessa carta é contestada. Mas o fato é que realmente foi assinada por ele e que, posteriormente, ele nada fez para desmentir esse ato.

Os membros da EFP que se opuseram à dissolução por via jurídica, movendo uma ação cautelar para anular a decisão, invocavam sua dedicação a essa escola. Contudo, cometeram o erro de apagar a distinção entre enunciado e enunciação, distinção ao princípio do ato analítico, que funda o sujeito em sua divisão. Quando Lacan diz que vai dissolver a EFP, confere à sua enunciação o valor de um ato analítico; dá à ação, à qual pede adesão, um alcance fundador — devendo este ser verificado em suas consequências. Em contraste, o ato jurídico de uma medida cautelar para impedir a dissolução chamou a atenção para a dimensão enunciativa analítica de Lacan.

Deixar de levá-lo em conta é justamente entregar a psicanálise a uma forma de "judicialização" que se inscreve numa evolução do direito no Estado de direito. Para preservar os direitos do indivíduo, o Estado restringe cada vez mais sua liberdade. O direito assume um caráter prescritivo e normativo que representa um entrave para o indivíduo, obrigando-o a recorrer sempre mais aos poderes legais para fazer valer seus direitos.

A produção psicanalítica foi amplamente falseada pelo deslocamento dos conflitos para o terreno jurídico. Esse deslocamento tivera início em dezembro de 1979, *antes* da carta de dissolução de 5 de janeiro e da medida cautelar que se seguiu, e isso em função das "negligências" menores do conselho de administração da EFP.

A oposição entre ato analítico e ação jurídica, manifestada na dissolução da EFP em 1980 e já no episódio Theodor Reik,[24] repetiu-se com a lei sobre as psicoterapias. O que está em questão no que configura um terceiro *momento*, com a participação dos analistas, é a especificidade do ato psicanalítico de tornar-se analista, frente a formas de ação jurídicas, políticas, psicoterapêuticas ou outras.

Mas há uma diferença em relação aos *momentos* anteriores. No primeiro *momento* se tratava de um confronto mais direto entre o direito e a *prática* analítica, ao passo que na dissolução e no artigo 52 está em questão antes a *formação* dos analistas, ela própria referida às formações do desejo inconsciente. Justamente por não haver continuidade entre fazer uma análise e tornar-se analista é que a formação analítica se converte numa questão em si. Uma questão que está no cerne da sua formação, na medida em que concerne menos a encerrar a questão com uma resposta falsamente objetiva do que a deixá-la viva, para cada sujeito pelo menos. Não só não há continuidade entre o fim da análise e o tornar-se analista, como surpreende que ao cabo dessa experiência alguém

UMA DISSOLUÇÃO QUE NÃO ACABA... DE NÃO FUNDAR

queira tornar-se analista, já que isso significa dispor-se a ocupar o lugar do sujeito suposto saber para um outro no momento em que a consistência desse lugar se desfaz em pedaços. Para tornar-se psicanalista, a análise é necessária, mas não suficiente. A questão é tanto mais insistente na medida em que não pode ser diretamente compreendida a partir das coordenadas do fim da análise. É a essa questão do para-além da análise que os passantes tentam fornecer respostas através do dispositivo do passe. Considerando-se o complexo teor analítico da questão, entende-se que uma decisão jurídica não possa tomar o lugar da reflexão esclarecida de um coletivo analítico.

A impregnação judicial da sociedade alcança a demanda de certos psicanalistas por obter um estatuto profissional garantido pelo Estado. Essa demanda ressurgiu durante a elaboração da lei sobre as psicoterapias. Ora, um ato garantido pelo Estado não seria mais um ato analítico.

Ao repetir o momento enunciativo da fundação, a dissolução da EFP foi uma oportunidade de eliminar alguns pontos de desconhecimento relacionados a ela. Desconhecimento do fato de que a associação se baseava numa superação da relação individual-coletivo, superação da esfera do "não-todo": não se tratava de constituir um conjunto de analistas assegurados da sua identidade nesse conjunto, mas de questionar, especialmente através do dispositivo do passe, se existe o analista. Como o Estado poderia garantir uma identidade (um estatuto) do psicanalista quando as associações fazem desse questionamento o *schibboleth* da formação do analista?

Ao ser denominada de *escola*, a associação simultaneamente reconhecia não analistas como membros, bem como não podia ser considerada uma associação corporativista de analistas.

Da dissolução da EFP à escolarização da dissolução

A oportunidade de eliminar alguns pontos de desconhecimento, a partir da dissolução da EFP, foi posta à prova na associação que lhe sucedeu: a Cause Freudienne. Infelizmente, esta não cumpriu sua promessa e, por isso, a dissolução não foi concluída e permanece atormentando o movimento analítico.

O período que se estende da carta de dissolução de 5 de janeiro de 1980 ao início da École de la Cause Freudienne (ECF) no fim de março de 1981 foi de uma efervescência intelectual e passional intensa e rica em desdobramentos: a criação da Cause Freudienne, a publicação do *Delenda*, a viagem de Lacan a Caracas (12-15 de julho de 1981), a dissolução jurídica da EFP...[25]

Não deixa de surpreender que o tempo da Cause Freudienne seja hoje em dia bastante ignorado, se não literalmente esquecido.

A associação Cause Freudienne foi criada em 21 de fevereiro de 1980 para congregar os que queriam continuar com Lacan. Inicialmente foi redigido um estatuto provisório e depois outro mais elaborado, em outubro de 1980. Não houve tempo de fazer uma coleta das contribuições (estabelecidas em mil francos), de modo que os únicos nomes declarados na região administrativa são os de Jacques Lacan e Gloria Gonzalès, sua secretária. Entretanto a associação funcionaria durante quase um ano com todos aqueles que aderiam ao projeto da Cause Freudienne. Seriam contemplados dois tipos de adesão, os correspondentes e os membros.

A instituição retomava os princípios enunciados por Lacan no *Ato de fundação* da EFP em 1964 e "part[ia] do mesmo ponto, mas com a vocação de constituir a contraexperiência da EFP" (Relação de orientação do diretório de 22 de novembro de 1980). Constituiu-se de uma diretoria estabelecida por dois anos, um conselho estatutário, uma assembleia administrativa anual e um congresso que se reunia de dois em dois anos. Dedicou particular e constante empenho na promoção e organização dos cartéis: nomeando um secretário para os cartéis, criando a função de "vetor" dos cartéis para coordenar os trabalhos sobre temas próximos, favorecendo a admissão a partir do trabalho em cartel. Até 150 cartéis foram declarados. Entre novembro e dezembro de 1980, realizaram-se 11 reuniões intercartéis. Por outro lado, a associação organizava jornadas de trabalho.

A Cause Freudienne também tinha a pretensão de dar prosseguimento ao dispositivo do passe, mantendo a distinção entre AE e AME (títulos fornecidos por uma Escola no contexto da Cause). Todavia, e isso significou uma mudança notável: apenas dez AE foram renovados (os últimos nomeados), e por três anos apenas.

Em março de 1980 começou a ser publicado um boletim "aperiódico": *Delenda*. Não era um boletim da EFP, que substituísse seu correio, por exemplo, nem da Cause

Freudienne, que tinha seu próprio correio no endereço de Lacan na rue de Lille. *Delenda* encontrava-se, portanto, no intervalo, num entremeio espaçotemporal. Já no primeiro número, em 15 de março de 1980, apresentou-se como atendendo "à necessidade de ativar o trabalho de dissolução e de desfazer as manobras que se manifestam com o objetivo de usurpar a sigla EFP". Tratava-se de dar sustentação ao trabalho teórico sobre a dissolução para além dos aspectos jurídicos, de trabalhar sobre e com essa dissolução como conceito operatório. O vínculo com a fundação da EFP era lembrado com frequência.[26]

Delenda foi muito ativo, publicando tanto informações quanto resenhas de reunião; notas sobre conceitos (o de analisante, por exemplo); artigos de fundo, mais ou menos longos (muitos a respeito do passe); traduções... Pode-se até ler um surpreendente artigo de Didier Anzieu arquitetando uma ação judicial para impedir que a prática dos lacanianos levasse o nome de "psicanálise" (*Delenda*, nº 1, setembro de 1980). *Delenda* também organizava jornadas de estudos (26-27 de abril de 1980) e noites de exposição às segundas-feiras e, mais tarde, às quintas-feiras. Numa delas é que Lacan, dirigindo-se a Jacques-Alain Miller, que se preparava para tomar a palavra, disse-lhe: "Faça a *korte*" (escrito em fonético).

Para aqueles que queriam continuar com Lacan, o período de 5 de janeiro de 1980 a janeiro de 1981 foi marcado pela esperança de um trabalho de dissolução que permitisse dar início a uma escola em novas bases. Contudo, simultaneamente a esse trabalho sobre a orientação psicanalítica, a Cause Freudienne novamente enfrentou um problema jurídico, o da regulamentação da dissolução da EFP e da partilha dos seus bens, que só seria efetivada em 27 de setembro de 1980. Os bens seriam transferidos para a Cause Freudienne. Em novembro de 1980, a SCI, administradora do imóvel situado no número 69 da rue Claude-Bernard, votou pela sua locação à associação, porém, em 19 de dezembro, mudou de opinião e decidiu vendê-lo. Em janeiro de 1981, teve início a primeira cisão na Cause Freudienne, pondo fim à sua existência e levando à oficialização da École de la Cause Freudienne (ECF), depois de uma reunião em 28 e 29 de março de 1981.

Essa cisão fixou conflitos que perduram até hoje, pondo fim prematuramente ao trabalho de dissolução que, para muitos, fora empreendido com ímpeto e sinceridade, impedindo que se cumprisse sua junção com os fundamentos da psicanálise.

Conforme Jean Clavreul escreveu a Lacan em 28 de dezembro de 1980: "Um ano depois... verifica-se que o trabalho de dissolução não foi efetuado."[27] Ainda hoje ele não foi efetuado. Ainda estamos na dissolução. Uma dissolução que não chega ao fim. Uma dissolução que não acaba... de não fundar.

A situação de dispersão em que nos encontramos hoje coloca a questão do funcionamento de cada instituição, *ao mesmo tempo* que coloca a questão da relação entre as diferentes associações. Com efeito, nenhuma instituição que se declare seguidora de Lacan tem mais legitimidade ou autoridade que outra, por mais que algumas delas se esforcem por prová-lo a si mesmas e aos outros, especialmente a ECF e a ALI (Association Lacanienne Internationale), obtendo o título de associações reconhecidas oficialmente pelo Estado como de utilidade pública. Não existe uma autêntica associação internacional do movimento lacaniano nem uma federação em condições de representar o conjunto das associações. A dispersão é, portanto, uma realidade que deve ser levada a sério, em vez de tentar-se encobri-la. Certamente há inconvenientes, mas como neutralizá-los? Isso não será possível sem analisar a verdade dessa dispersão. A realidade em que nos encontramos hoje repete algo do ato de fundação de Lacan.

A tarefa contemporânea que nos aguarda é a de definir as modalidades de transferência de trabalho entre as várias associações de psicanálise, respeitando essa pluralidade. Falta um autêntico debate sobre as linhas de clivagem que se manifestaram, como o conceito de identificação ao sintoma no fim da análise, a interpretação do não-todo, o questionamento das estruturas clínicas freudianas, as questões em torno da nomeação, do sujeito e das subjetividades...

A ausência ou interrupção prematura do que veio a ser chamado de "reflexão sobre a dissolução" contribui para criar uma espécie de abscesso de fixação, que faz parte do que denominamos "terceiro *momento*". Certamente seria hora de analisar isso para descobrir algo sobre o que constitui a sua estrutura. Antecipamos aqui que a dissolução é o inverso da fundação e que fundação-dissolução participam de uma mesma estrutura, a do ato fundador do sujeito. O retorno dessa impensada dissolução da EFP em 1980, que gerou a dispersão dos analistas, daria forma ao mal-estar entre eles desse terceiro *momento*.

Notas

1. Ser pai não é um dado sensível, mas um efeito da linguagem. Como a linguagem não é a nomenclatura das coisas, o significante pai não implica qualquer caracterologia que estabeleça os limites de sua normalidade na realidade. Sua função é significar uma força de engendramento. Esse significante exerce sua função por meio de uma operação metafórica, vale dizer, tomando o lugar de outro significante, o do desejo da mãe. Para cumprir sua função, o significante pai deve ser reconhecido num para-além desse desejo. Torna-se então um "significante que no Outro, enquanto lugar do significante, é o significante do Outro enquanto lugar da lei" (*Écrits* [Escritos], Paris, Seuil, 1966, p. 583). Essa lei não deve ser confundida com uma lei jurídica: trata-se de uma lei da linguagem, comparável a uma lei física, e dela Lacan deu uma fórmula com sua escrita da metáfora paterna que define o Nome-do-Pai a partir de 1957, escrita que visa dar conta da eficácia simbólica do complexo de Édipo. É na medida em que o Nome-do-Pai assume o lugar do significante do desejo da mãe, portanto, na medida do que a mãe faz com esse significante, que a criança pode abandonar o lugar de falo que encarna para ela.

A lei metafórica do Nome-do-Pai gerou mal-entendidos e levantou questões que fizeram Lacan modificar o que dizia. Para começar, vários analistas fizeram confusão entre lei da linguagem e lei jurídica e pretenderam, em nome da metáfora paterna, definir características normalizantes do pai e da mãe na realidade antropológica. Uma realidade à qual a fórmula talvez aderisse com excessiva facilidade, usando os termos de *pai* e *mãe*. Com isso, o Nome-do-Pai se revestia de uma aura sagrada, religiosa. Por outro lado, a fórmula podia levar a crer que esse nome existe, que seria nomeável, acessível e que haveria um único: *o* Nome-*do*-Pai. Seria um nome de identidade do pai. Ao começar um seminário, em 1963, com o plural *os Nomes-do-Pai*, Lacan esboça uma mudança notável. Ele não se explica a respeito, mas o que se seguiu leva a conjeturar que se trata justamente de considerar que esse nome não existe como nome último nomeável. Em outras palavras, esse nome comporta um buraco, uma falha de nomeação, trata-se de um *nome de nome de nome*. A passagem para o plural significa o caráter vacuólico desse nome que nenhum ser falante pode enunciar do lugar de pai. Após essa primeira virada, Lacan viria a considerar, na relação com o núcleo borromeano, a função própria do "pai nomeante" e não só nomeado pela metáfora.

2. O significante *sujeito suposto saber* enquanto ponto de partida da transferência é introduzido em junho de 1964 no seminário *Os quatro conceitos fundamentais da psicanálise*, pouco antes da fundação da EFP. A elaboração desse significante por Lacan decorreu da sua leitura de Descartes. Para o psicanalista, o sujeito sobre o qual opera a psicanálise é o sujeito da ciência moderna nascida com o *cogito*. A psicanálise não teria surgido sem esse acontecimento. Quando chega ao extremo da sua dúvida hiperbólica, Descartes enuncia o *cogito*, interpretado por Lacan como uma fala que divide o sujeito entre "eu penso" e "eu sou" (ao contrário dos filósofos que o interpretam como transparência do sujeito para si mesmo). Nesse momento, Descartes efetua uma operação de separação, atribuindo a Deus a tarefa de garantir as eternas verdades matemáticas. Com isso, a ciência poderá desenvolver-se por acúmulo de saber, sem preocupar-se com sua verdade. Há a foraclusão da verdade como causa. E essa verdade, para os cartesianos que somos, por ser rejeitada, retorna nos sintomas ou mais exatamente no real sexual do gozo dos sintomas. Deus é a primeira figura do sujeito suposto saber. Ele garante as verdades matemáticas porque as quer como tais. É o seu desejo. Um desejo que não se pode saber. "O sujeito é suposto saber", diz Lacan, "apenas por ser sujeito do desejo". É para tal sujeito suposto saber, sujeito do desejo, que saberia a verdade dos sintomas, que se volta o amor de transferência. O analista não encarna necessariamente o sujeito suposto saber para o analisante na análise, pois este ocupa um lugar de terceira pessoa. Esse significante que sustenta a transferência está destinado a cair no fim da análise, dando lugar à divisão que ele mascarava entre sujeito

dividido e objeto causa do desejo, provocando o que Lacan chama de "des-ser" do analista e "destituição subjetiva" do analisante.
3. Durante o XXIII Congresso da IPA em Estocolmo, o poder executivo central redigiu, em 2 de agosto de 1963, uma "Diretriz" estipulando que Lacan "não pode mais ser incluído entre os didatas do Grupo de Estudos [Grupo de Estudos da Société Française de Psychanalyse, surgido na cisão de 1953, que reivindicava a reintegração à IPA]" e "deve ser progressivamente afastado da formação". Nenhuma referência ao seminário lacaniano sobre os Nomes-do-Pai pode ser encontrada nessa Diretriz.
4. Lacan não o explicita, mas cabe supor que se tratava da relação de Freud com o nome impronunciável do Deus dos judeus e com a pluralidade dos seus nomes.
5. Jacques Lacan, "Discours à l'EFP du 6 décembre 1967", *Autres écrits* [Outros escritos], Paris, Seuil, 2001, p. 263.
6. Ao enunciar que o significante representa o sujeito para outro significante, Lacan diz que o sujeito nunca será senão a hipótese com a qual se deve contar como *um a mais* nesse intervalo, e que o sujeito se institui na sua destituição, vale dizer, o *fading* da aparição evanescente de uma manifestação do inconsciente, de uma gafe, de uma abertura que se fecha quando se tenta apreendê-la. Não existe subjetivação do sujeito, e quando, para simplificar, dizemos que o sujeito fala, significa que ele é falado e que o "eu" está dividido.
7. Jacques Lacan, *Écrits,* p. 213.
8. Sigmund Freud, *Essais de psychanalyse*, cap. VIII, Paris, Payot, 1981.
9. Erik Porge, *Transmettre la clinique psychanalytique. Freud, Lacan, aujourd'hui* [Transmitir a clínica psicanalítica. Freud, Lacan, hoje], Toulouse, Érès, 2005, caps. 19 e 20.
10. O traço unário é a marcação elementar do significante, que o constitui como *um*. É o *um* da diferença em estado puro que se repete, eventualmente com diferenças qualitativas. É o *um* contábil (e não da união) dessas diferenças, e o que se repete não é a similaridade, a semelhança, mas precisamente a mesmice de uma

diferença. A formação simbólica do ideal do eu (em oposição à formação imaginária do eu ideal) se agarra a esse traço.

11. Jean Clavreul, *L'homme qui marche sous la pluie* [O homem caminhando na chuva], Paris, Odile Jacob, 2007, p. 56.
12. Lacan o ilustra com o exemplo extraído da narrativa de Ernest Shackleton *L'odyssée de l'Endurance* [A incrível viagem de Shackleton], Paris, Payot, 1993, no qual ele relata as condições extremas de cansaço, frio e fome às quais o autor e sua tripulação tiveram de passar para atravessar a banquisa do Polo Sul quando sua embarcação ficou retida no gelo. O explorador conta que, nessa experiência, ele e seus camaradas frequentemente se contavam *um a mais*. O sujeito não passa disso, diz Lacan em 1962 no seu seminário *A identificação*, a possibilidade de um significante a mais, do *um a mais*, graças ao qual ele próprio constata que está faltando um.
13. Uma seção de psicanálise pura (psicanálise didática) com três subseções: doutrina da psicanálise pura, crítica interna da sua práxis como formação, supervisão dos psicanalistas em formação. Uma seção de psicanálise aplicada (terapêutica e clínica médica) com três subseções: doutrina da cura e de suas variações, casuística, informação psiquiátrica e prospecção médica. Uma seção de recenseamento do campo freudiano (especialmente publicações) com três subseções: comentário constante do movimento psicanalítico, articulação com as ciências afins, ética da psicanálise (que é a práxis da sua teoria).
14. As questões envolvidas no passe serão retomadas no capítulo 4 do presente trabalho.
15. A *Proposição* foi submetida à votação dos membros da escola e aprovada. Uma parte dos que se opuseram deixaram a EFP e fundaram o *Quarto Grupo*. Foi a primeira cisão na EFP.
16. Jacques Le Brun, "Réflexions sur la distinction lacanienne entre la hiérarchie et le *gradus*" [Reflexões sobre a distinção lacaniana entre hierarquia e *gradus*], *Essaim*, n° 6, Toulouse, Érès, outono de 2000.
17. Jacques Lacan, *Les formations de l'inconscient* [As formações do inconsciente], Paris, Seuil, 1998, p. 90, na sua leitura do chiste

com a figura topológica do gráfico. O traçado do gráfico não é um caminho hierárquico, mas antes da ordem do *gradus*.
18. Cf. capítulo 1 do presente trabalho.
19. Cabe notar que, se Lacan inovava num terreno tão sensível, não o fazia sem dar mostra do que ele próprio chamou de certa prudência. Por exemplo, estabeleceu a coexistência dos AE nomeados por ele segundo o critério de antiguidade com os AE recém-nomeados pelo passe. No entanto, essa prudência não bastava para evitar dissensões na sua Escola. Sua ausência de prudência, por sinal, tampouco teve êxito, como prova sua tentativa de criar uma escola de psicanálise na Itália em 1974, para a qual a admissão seria feita mediante o passe.
20. Cabe lembrar que Lacan frisou a possibilidade de entender a *dissolução* como um *dito-solução*.
21. Informação oral fornecida por Christian Simatos.
22. Michel Plon, "L'indicible d'un malaise" [O indizível de um mal--estar], *Essaim* n° 1, Toulouse, Érès, 1998.
23. Trata-se da carta na qual Lacan anuncia a dissolução da EFP: "Há um problema da Escola. Não é um enigma. Trato, portanto, de me orientar, sem me precipitar. Esse problema se evidencia como tal, tendo uma solução: é a *dissolução*. A ser entendida como da Associação que, nessa Escola, confere estatuto jurídico." Essa carta foi enviada a cada um dos membros da EFP e publicada dias depois na imprensa, especialmente no *Le Monde*. Voltaria a ser publicada no *Autres écrits*, Paris, Seuil, 2001, p. 317.
24. Cf. capítulo 1 do presente trabalho.
25. Quanto a esse período, remetemo-nos aos documentos de divulgação interna da EFP e da Cause Freudienne que ficaram em nosso poder, à coleção do boletim *Delenda* e a nossas lembranças. Também podem ser consultados Elisabeth Roudinesco, *Histoire de la psychanalyse en France*, vol. II (1986), Paris, Fayard, 1994, III parte, cap. IV; Claude Dorgeuille, *La seconde mort de Jacques Lacan* [A segunda morte de Jacques Lacan], Paris, Actualité freudienne, 1981; *Almanach de la dissolution* [Almanaque da dissolução], Bibliothèque des Analytica, Navarin éditeur, Paris, 1986.

26. Uma primeira série do *Delenda* é publicada entre março e junho de 1980, contemporânea à EFP antes da sua dissolução jurídica. Uma segunda série, de setembro de 1980 a junho de 1981 (data do fim da École de la Cause Freudienne e do início da ECF), vem em seguida. Seu objetivo então é apoiar a Cause Freudienne, que não tem uma publicação própria.
27. Claude Dorgeuille, *La seconde mort de Jacques Lacan, op. cit.*, p. 51.

3. O curar da psicoterapia

Este título não é uma provocação. A oposição tantas vezes feita com fins calculados, e mesmo malévolos, entre o analista puro e rigoroso e o profissional atento, sobretudo, a aliviar o sofrimento já é um efeito ideológico. Talvez o mais simples, para avaliar a calúnia original que consta nessa classificação, seja questionar os analisantes que chegaram ao fim da experiência e obter deles um depoimento: não é o desaparecimento dos seus males, apesar de efetivo, que conta, mas a volta à vida. Dizemos "volta" porque a própria demanda de uma psicanálise pressupõe que se tenha noção, ainda que esquecida, da plenitude intrínseca à vida: *a vida não tem contrário*. E, por sinal, também podemos questionar os analisantes iniciantes: constataremos que o simples fato de dispor, graças à transferência, de uma destreza confiável — ou seja, que não condicione sua presença a uma exigência de dizer isto ou aquilo — é por si só, ainda que nada esteja resolvido, o que desde logo desaloja o(a) analisante da posição de vítima ou doente. Para que esse efeito seja possível, basta não pôr a transferência a serviço da sugestão. Finalmente, demonstração pelo absurdo, mencionemos os sujeitos "tratados" várias vezes que, depois de experimentar toda a paleta das psicoterapias (inclusive o ramo "de inspiração psicanalítica"), veem-se, ao menor vento contrário, às voltas com um sucesso apenas cosmético, cuja inutilidade avaliam brutalmente.

É bem verdade que um psicanalista não recebe apenas analisantes, recebe quem quer que recorra a ele, e não é o fato de recorrer a ele que transforma esse alguém em analisante e que indique uma demanda explícita de análise ou, *a contrario*, de não análise. No amplo leque daqueles que visitam regularmente um analista, mas não fazem análise, existem pacientes de passagem e outros menos nômades, contudo em nenhum dos casos o analista pode apresentar-se, nem diante destes nem daqueles, como um psicoterapeuta, um curador da alma. Certamente, e não raro com mais eficácia que qualquer outro, um psicanalista está em condições de ajudar determinado paciente a sair de um pesadelo, porém, é precisamente por uma ação antinômica ao desejo de curar. O próprio Freud deu testemunho de que só se tornara psicanalista ao abrir mão dessa ambição. É desse modo que um psicanalista vai escorar-se no que constitui o fio condutor da sua prática: a *ausência de poder ativo*, pela qual mostra ao sujeito que chega ao seu consultório que o ideal de cura dele é uma das armadilhas do supereu, exortando-o a curar-se da vida e, em particular, do sexo. Sexo não deve ser entendido aqui na dimensão de uma pansexualidade, pois também pode ser descoberto numa ascese mística, mas como abertura ao ser pulsional e à alteridade do parceiro. Dessa maneira, o próprio não analisante pode, na sua experiência com um analista, tornar-se sensível à ideia de fazer uma análise; mesmo quando não é esse o caso, ele se torna sensível aos fatos de que, como desejava Hölderlin,[1] o que me ajuda é a ausência de Deus, e de que a sexualidade só ocorre como fracasso da fusão sexual.

Sejamos mais exatos. A prática do psicanalista, seja exercida com um analisante ou com um paciente de passagem, repousa em princípios idênticos.

Enquanto a psicoterapia se baseia na sugestão, ou seja, numa certa instrumentalização da transferência, muitas vezes inconfessa, por sinal, uma análise, ao mesmo tempo que só é possível na medida em que ocorre essa transferência, tem como objetivo alcançar uma resolução desta. A resolução da transferência não é a rejeição do psicanalista; apenas quer dizer que o sujeito analisante se separa do par analisante-analista. Sem essa travessia — resultado de longo trabalho, ao fim do qual o sujeito analisante ao menos descortinou o ponto de colagem pelo qual era atuado no fantasma do Outro (a mãe, o pai, o parceiro ou a parceira etc.) —, nenhuma resolução é possível, senão pela passagem ao ato na qual o analisante se perde como sujeito. Em suma, o que está em jogo numa psicanálise é a descoberta do avesso da transferência.

Nessa aventura existem, portanto, duas faces: aquela em que o analisante assume seu ser geracional (filho ou filha de...), assim saldando sua dívida na relação parental, e aquela do seu ser de sintoma, pela qual ele se subtrai a esse determinismo simbólico, desde que tenha aprendido a ler esse sintoma. É verdade que, quando o ser geracional é rejeitado ou foracluído, como acontece numa psicose, a tarefa analítica é mais árdua, já que deve ainda por cima inscrever o sujeito numa filiação. Em qualquer dos casos, o sujeito deve desvincular-se do fantasma pelo qual se protegeu de uma relação sexual que o aniquilaria no Outro, ao preço da submissão sem reservas à lei que imputa a ele, a lei da castração. Por sua vez, o ser de sintoma dá testemunho de que o sexual não só não é da ordem da fusão de um no Outro, como é radicalmente da ordem do fracasso.

Acrescentemos uma observação que deveria pôr um ponto final na questão (a psicanálise é uma psicoterapia?). Numa análise, não se trata de descondicionar o sujeito da sua subordinação ao Outro parental e àqueles que o substituíram (exército, Igreja, Estado, empresa etc.). Que há condicionamento, é verdade, mas o essencial não se encontra aí. O essencial é que, nessa fase primária de incorporação do simbólico (a linguagem) pelo corpo biológico, uma gramática das pulsões se constituiu. Explicitemos essa gramática: ela se constitui na polaridade passivo/ativo (ser visto ou ver, por exemplo, na pulsão escópica) e se ordena em torno dos quatro objetos colhidos no que o Outro (em geral, parental) apresenta em sua demanda ou desejo, ou seja, o seio, o excremento, o olhar e a voz. É desse modo que se explicam, entre outros casos, a sucção de Dora, a constipação do Homem dos Lobos ou a sonorização do olhar no presidente Schreber. Entretanto, essas pulsões não são apenas psíquicas. Elas estão no limiar do somático: avidez oral ou anorexia, retenção ou profusão anal, dependência ao olhar, à voz etc. Tudo isso que forja o posicionamento matricial do sujeito nas suas relações com os outros não é um descondicionamento que poderá desfazer (pois não se trata de um condicionamento), mas uma desconstrução das identificações.

Talvez cause espanto, daqui a um século ou milênio, o obscurantismo tragicômico do que hoje nos é apresentado como o "moderno" superando o "antigo": ideologias cognitivistas, behavioristas, geneticistas, que tomam de empréstimo o suporte das autênticas ciências (neurociências e genética), mas o desviando para revestir opiniões e técnicas mais que superadas (hipnose ou frenologia). Cada um constrói sua teoria para adaptá-la a seu impasse subjetivo e justificá-la.

Citemos, para concluir, a advertência lacaniana: "É verdade que suportar a miséria, como se diz, é entrar no discurso que a condiciona, ainda que para protestar contra ele. De resto, os psi, quaisquer que sejam, que se dedicam a esse suposto fardo, não devem protestar, mas colaborar."[2] Essa declaração muitas vezes foi entendida como uma condenação das práticas sociais de cuidados psíquicos e uma exortação à segregação que encerraria a psicanálise no gueto de uma prática quase sacerdotal e indiferente ao mundano. Não é o que diz nem o que deseja Lacan. O que ele expressa, na verdade, com essa constatação é que *toda denúncia* aperfeiçoa o que é denunciado, no caso, o discurso do capitalista, ao passo que a psicanálise só preserva sua singularidade abrindo mão de denunciar para permitir o surgimento de uma enunciação que torne inoperante esse discurso do capitalista. A inutilidade desse discurso só pode ser comprovada por uma interpretação que mostre que sua reprodução depende de uma economia de gozo, dando crédito à ideia de uma mecânica na qual basta tornar-se capitalista para gozar. Por esse motivo nenhum psicanalista pode desinteressar-se do que acontece naquilo que chamamos de instituições (do hospital às sociedades de psicanálise), pois os excluídos que essas instituições engendram para em seguida vir a "cuidar" são antes de tudo os incluídos dessa mecânica, da qual se tornarão os restos, a menos que tenham se tornado irremediavelmente engrenagens dessa mecânica. Sob esse ponto de vista, o próprio psicanalista é um resto, resto da economia de gozo que repousa no fantasma de um paraíso; nesse sentido, ele não está assim tão mal posicionado para indicar (*deuten*) aos condenados da terra e do céu que essa condenação os separa de um lugar que não existe. Esse resto certamente sabe que não está em condições de multiplicar pãezinhos, mas é oportuno pedir-lhe contas da sua relação com o político e a política.

O caso 52

A conjuntura atual. Em 2003, o doutor Accoyer, deputado da UMP, submeteu à votação na Assembleia Nacional, como vimos, uma emenda que regulamentava o exercício da psicoterapia. A transformação da emenda Accoyer num acontecimento se deu a partir da questão da leitura e da interpretação desse texto. Dizia ele respeito à prática psicanalítica? Se não fosse o caso, continuava-se em frente. Se fosse ou pudesse ser o caso, essa emenda programava a extinção da psicanálise. E o motivo era simples: a psicanálise não é uma psicoterapia. Já mostramos antes: ao rejeitar a hipnose, Freud se desviou da psicoterapia no ato constituinte da psicanálise. Então pouco importa se a sugestão enuncia, como costuma acontecer: não se deixe sugestionar e pense por si mesmo. Uma coisa é dizê-lo, outra coisa é consegui-lo. Na realidade, a *liberdade* que assim se pretende impor ao sugestionado servirá apenas para aumentar sua sujeição em relação àquele ou àquela que a oferece. A psicanálise, pelo contrário, é a experiência de uma perseverança graças à qual o sujeito é extraído da hipnose desconhecida que o paralisava na sua felicidade e no seu sofrimento. É esse alívio que chamaremos, se quiserem, de "efeito terapêutico" (que nada tem a ver com a sugestão nem com a contrassugestão). Curar é um termo muito ambíguo, pois seu significado principal é que as coisas voltam à (ou estabelecem a) ordem. Volta-se, portanto, à normalização. É possível curar-se adaptando o comportamento a um grupo, ao contrário, portanto, da finalidade de uma análise, que é a de permitir "um laço social livre das obscenidades de grupo" (Lacan, 1972). O que implica que o sujeito, ao cabo de sua análise, deixe de desfrutar do poder — do poder que exerce, mas também daquele a que se submete, pois o confunde com uma causa. Não devemos nos enganar: *é certo que os psicanalistas nem sempre têm consciência disso*. De fato, é possível fantasiar uma psicanálise breve ou bem-azeitada. Mas ela nunca acontece. A psicanálise só existe se não for esquecido que ela representa um corte civilizatório no modo de associação humana. Caso consigamos isso, ela poderá permitir ao sujeito que nela tenha se engajado separar-se do seu automatismo à obediência e, também, da sua propensão a transformar a sua verdade subjetiva no álibi dos males que faz ao outro... com toda a inocência. Nesse sentido, o artigo de Freud sobre Dostoiévski é indispensável.[3]

Podemos, no entanto, depositar alguma esperança na simples constatação de que a reação dos analistas à emenda Accoyer não foi unanimemente favorável, o que levou o Senado a contemplar outro projeto de lei. Cabe assinalar que a variedade das reações dos analistas não reflete exatamente a oposição entre as duas alternativas teóricas principais: ortodoxos da Internacional de um lado, discípulos de Lacan de outro.[4] Talvez porque um academismo lacaniano esteja se constituindo. Há aqueles que fecharam os olhos — seria porque julgam o desejo do psicanalista indestrutível ou a psicanálise imortal? Há os que decidiram defender a especificidade da psicanálise — caberia então propor a pura e simples retirada da emenda ou admitir uma legislação que reconhecesse às associações de psicanálise essa capacidade de assegurar a formação dos psicanalistas? E há enfim os que, aparentemente defendendo o grande princípio da não regulamentação da psicanálise pelo Estado, ao mesmo tempo se sentem tentados pelas vantagens que poderiam extrair de uma situação em que a psicanálise fosse integrada ao mercado das psicoterapias regulado pelo Estado.[5]

Sabemos que, de incidente em incidente, a Assembleia Nacional acabou aprovando a lei de saúde mental em agosto de 2004, cujo artigo 52, depois de muitas hesitações, retomava o espírito da emenda Accoyer: uma regulamentação da psicoterapia na qual os psicanalistas estariam envolvidos, na medida em que não queriam excluir-se da referida psicoterapia e, também, em que a lei, ao oferecer-lhes uma dispensa do registro de psicoterapeutas, considerava-os *de facto* psicoterapeutas! No decorrer desse debate, uma constante se manteve: "São dispensados da inscrição [no registro nacional dos psicoterapeutas] os titulares de diploma de doutor em medicina, os psicólogos titulares de um diploma de Estado, os psicanalistas regularmente registrados nos anuários de suas associações." Com relação a esse artigo, as associações psicanalíticas se dividiram em três respostas: 1) A do chamado Grupo de Contato, no qual se encontravam os dirigentes das associações mais importantes, em termos numéricos, e que, com diferentes nuances, se alinhavam com esse decreto. 2) A École de la Cause Freudienne, que optou por propor a certa altura uma emenda (não adotada) para a criação do "Conselho Nacional das Práticas Terapêuticas Relativas ao Psiquismo". É bem verdade que nessa emenda a associação dos psicoterapeutas é diferenciada da escola dos psicanalistas, mas, além de o título ser uma paráfrase diluída de "psicoterapia", a intenção de atribuir ao Conselho a prerrogativa de fornecer às associações (inclusive as de psicanálise) "recomendações relativas aos procedimentos deontológicos que põem em prática" provoca, no mínimo, perplexidade. 3) Os psicanalistas ligados a diferentes associações ou independentes de associações que, por iniciativa do Manifesto pela Psicanálise, da Frente de Recusa e de outros, pronunciaram-se contra qualquer emenda que visasse uma regulamentação estatal da psicanálise.

Voltemos ao problema da formação psicanalítica, ou, antes, já que o próprio termo "formação" é contestável, ao problema da passagem a analista. Atualmente, quaisquer que sejam as divergências entre as associações psicanalíticas, é a partir da cura que se avalia em princípio a passagem do analisante a analista. Sem dúvida, encontraremos numa extremidade dessas possibilidades o caso do analisante que precisa pedir e obter autorização de uma instância hierárquica da associação da qual faz parte para que possa declarar-se psicanalista, e, na outra extremidade, o pleno exercício do "autorizar a si mesmo", que, no entanto, está comumente associado à opinião de "alguns outros". Vale, em seguida, distinguir duas ocorrências: 1) o psicanalista não é obrigado a pertencer a uma associação; o número desses não associados é de difícil avaliação, embora não seja negligenciável; 2) se o analista pertencer a uma associação, constará de uma lista, mas não necessariamente com a menção "psicanalista", pois a possibilidade de que faça uso dessa menção é quase sempre objeto de seleção. Existem, por outro lado, títulos que em geral indicam que a associação garante a "formação" em questão. Por isso, no interior mesmo de certas instituições, os "jovens" psicanalistas podem esperar muitos anos para ser reconhecidos, ao passo que outros nunca chegarão a obter esse reconhecimento. Acrescentemos que, infelizmente, essa seleção nem sempre é baseada em razões psicanalíticas. Concluímos, assim, que não chega a surpreender que mais da metade desses profissionais não constem das listas das associações, e, aos que delas constem, mostrem-se às vezes mais conformes às expectativas da sua hierarquia do que às exigências do ato analítico. Poderíamos, então, sugerir às associações de psicanálise que revissem suas listas em função da nova situação, mas seria muito pior: uma pressão que rapidamente faria que as considerações institucionais de adequação fossem colocadas acima da questão psicanalítica. Levando-se em conta a clara tendência de algumas dessas associações a funcionar pelo "centralismo democrático", fica difícil saber se seria o caso de temer mais o Estado ou os próprios psicanalistas.

Existe, contudo, outro obstáculo. Se a presença de um psicanalista em determinada lista é suficiente para autorizá-lo a utilizar o título de psicoterapeuta, é porque as associações psicanalíticas estão integradas, como associações privadas, ao sistema de distribuição de diplomas a partir do qual será constituído o arquivo nacional dos psicoterapeutas. Este ou aquele "jovem" psicanalista não médico e não psicólogo pode, desde que esteja inscrito numa lista, requerer publicamente um emprego de psicoterapeuta.[6] Parca vantagem, especialmente se a contrapartida consiste em apagar a palavra "psicanalista" do cartão de visita, já que a lei repousa num silogismo incontornável: X é psicanalista. Todo psicanalista é psicoterapeuta. Logo, X é psicoterapeuta. Não podemos aceitar a conclusão sem aceitar a segunda premissa.

Finalmente, a consequência mais reveladora é que a aprovação dessa lei reforça consideravelmente o peso institucional das associações de psicanálise e sua propensão a formatar os psicanalistas de acordo com suas ambições territoriais. Essa ambição, embora vise a psicanálise em extensão, é prejudicial à psicanálise em intensão; sendo que a psicanálise em extensão diz respeito ao seu lugar na cultura e a psicanálise em intensão remete à finalidade da cura e à passagem psicanalisante/psicanalista. Foi esse, de resto, o combate de Freud por uma psicanálise leiga, como também o de Lacan, contra a SAMCDA[7] da IPA, mas também por uma "desescolarização"[8] no momento da dissolução da École Freudienne de Paris em 1980: preservar a psicanálise da instituição, para possibilitar o alcance do objetivo do fim da análise: a destituição subjetiva, que não é a submissão aos chefes, mas o reconhecimento de que o saber não está no sujeito, e sim no sintoma que o suporta. Acontece que a intervenção do Estado, por mais indireta e mínima que seja, dá consistência a essa institucionalização, como uma gota de mostarda faz crescer a maionese. Por sinal, antes mesmo da votação da lei, já se percebiam os efeitos perniciosos ou cômicos da emenda, pois já havia discussão para saber a qual filiação se deveria recorrer para selecionar as associações habilitadas e depois habilitadoras. Supondo-se que essa seleção seja necessária, não se pode garantir (nem maldizer) muito biblicamente o filho ou a filha a partir dos antepassados de que vieram, fossem eles Freud e Lacan. O que claramente significa: não é possível mais saber depois de efetuada essa seleção, pois nada impede um psicanalista devidamente inscrito nas conhecidas listas de fundar uma seita... ainda por cima psicoterapêutica.

Desse modo, a que solução recorrer senão àquela que consistiria em valer-se das associações de psicanálise na sociedade civil, à exclusão do Estado? Quanto aos psicanalistas não vinculados institucionalmente, com situação semelhante à dos artistas, pode-se lamentar sua fobia ou justificar sua reserva com relação à instituição. No entanto, por um lado, esses psicanalistas não deixam de ter vínculos, muitas vezes até numerosos, com psicanalistas associados, nos inúmeros locais de trabalho e supervisão oferecidos pelas fraternidades analíticas. Por outro, cabe às associações garantir que sua oferta de funcionamento sirva ao discurso psicanalítico ("a psicanálise em relação com a política")[9] e não se paute pelo gerenciamento capitalista, o hábito eclesiástico, o sectarismo piramidal ou o decoro corporativista. Somente mantendo e desenvolvendo na sociedade civil procedimentos associativos de supervisão separados das questões de poder é que a psicanálise poderá continuar sendo, para cada um, uma oportunidade de insurreição. Ao contrário, viabilizar uma garantia estatal para as associações serviria apenas para inflamar essas questões de poder. E, por sinal, não se pode afirmar que a conhecida "proteção do público" seja menor no campo da prática analítica. Caberia antes preocupar-se com a proteção do público que não tem acesso à psicanálise!

Finalmente, os psicanalistas que pouco ou em nenhum grau se manifestaram contra essa lei fariam bem em verificar no que se transformou a psicanálise nos países europeus onde esse tipo de regulamentação estatal foi ou é aplicado: Alemanha, Grã-Bretanha, Itália. Esse, aliás, é apenas um início: na Grã-Bretanha, por exemplo, são debatidos atualmente procedimentos de fiscalização do que acontece no tratamento, que exigiriam, por que não?, que o psicanalista atribuísse à transferência do seu analisante uma nota de um a dez, comunicando-a aos especialistas designados pelo governo!

A passagem a psicanalista

É necessário ou não que a legislação se manifeste sobre a psicanálise, por pouco que seja, ou a psicanálise teria radical antipatia por toda jurisdição? Esse é um problema tanto mais decisivo[10] na medida em que afeta de maneira irreversível, em função da solução adotada, o próprio conceito da psicanálise, sua transmissão, sua intransmissibilidade, a definição do desejo do analista,[11] a própria finalidade de uma análise e, enfim, a passagem a psicanalista. A respeito desta última, Lacan defendeu o princípio de que o analista se autoriza a si mesmo. Esse princípio vale para o psicanalista na sua prática, ou seja, uma vez que já seja psicanalista. Estaríamos, contudo, diante de uma autorização medíocre se esse princípio valesse apenas quando efetuada a passagem, e não para a própria passagem. A questão, então, é: quando, como e por que um analisante se autoriza a passar a analista (muitas vezes persistindo na sua própria análise como analisante)? Cabe, assim, ao analisante dar o passo de assumir o lugar do analista e de fazê-lo sem recorrer a qualquer autoridade, pois, neste caso, o passo seria anulado, uma vez que seria efetuado sob autorização do Outro. Desse modo, como garantir, se é que é possível, a autenticidade dessa passagem? Questão tanto mais difícil, sendo essa passagem absolutamente singular, pois não existe nenhum conceito que, aplicado à realidade da passagem, permita validá-la ou não.

Para responder a essa questão, Lacan inventou o passe em 1967. O passe é um dispositivo distinto da cura, pois requer o apoio de uma associação, na sua dimensão de escola. O processo é o seguinte: há um passante, ou seja, um analisante desejoso de fazer a experiência do passe; dois passadores, vale dizer, dois analisantes designados por um analista entre os seus analisantes, sendo que esse analista considera que o analisante por ele designado como passador se encontra num momento do seu próprio tratamento que o torna apto a essa tarefa; e um cartel ou júri, ou seja, um grupo de analistas e analisantes escolhidos por critérios que variam de associação para associação. O passante leva o testemunho de sua análise a cada um dos dois passadores e sustenta sua decisão de autorizar-se como analista. Os dois passadores expõem então ao cartel o que registraram do testemunho do passante, sem a presença dele. Finalmente, depois de debater, o cartel nomeia ou não o passante "analista da Escola". Cabe notar que o analista do passante não faz parte do júri ou cartel.

Vale criticar, o que já foi feito, a pertinência desse procedimento, mas é surpreendente que, no intenso debate ocorrido, o passe não tenha sido mencionado, embora constitua explicitamente o modo psicanalítico de julgar a validade do ato pelo qual um analisante se autoriza a passar a analista. Acrescentemos que o que distingue essa avaliação de toda função de diplomação decorre do fato de que uma avaliação negativa não significa que o passante que não seja nomeado "analista da Escola" e que decida tornar-se analista apesar disso esteja se autorizando de maneira abusiva a fazer essa passagem. Não é porque alguém não acha graça de um dito espirituoso que esse deixa de sê-lo. Por sinal, sabemos que quanto mais o dito espirituoso é sutil, mais se restringe o círculo daqueles que riem. O passe, com efeito, e por isso ele é psicanalítico, não situa o júri em posição pontifical, e a própria evolução da experiência, há quarenta anos, indica que as modalidades de avaliação variaram com o próprio saber psicanalítico.[12] Não seria, então, um dever informar ao público sobre uma experiência inovadora que diz respeito à maneira como parte dos analistas pode tratar a questão da passagem a analista? Em 1973, Lacan chegou inclusive a pensar em criar na Itália uma escola cujos membros fossem selecionados a partir do passe. Se o projeto não se concretizou, pelo menos serve como testemunho da extrema atenção que Lacan dedicava à apreciação intrinsecamente psicanalítica da passagem a analista.

É verdade que o passe não é uma panaceia. 1) Ele não pode ser obrigatório. 2) Leva, pelo menos até agora, a uma seleção muito restritiva. 3) É adotado apenas por parte das associações de psicanálise.[13] Quanto a esta última resistência, o fato é que todas as associações, ao que nos parece sem exceção, consideram que a passagem do analisante a analista é uma questão que se avalia no tratamento ou a partir dele, que nenhum ensinamento prático ou teórico pode substituí-la e nenhum diploma pode avaliá-la. O dispositivo do passe não deve ser confundido com um procedimento de habilitação do psicanalista adaptado à especificidade da psicanálise, equivalendo a um exame de admissão. Como um tratamento, o passe não pode pretender abolir o acaso e eliminar os imprevistos cuja realidade funda a revolução freudiana, em sentido inverso dos ideais de controle total, programação infalível e risco zero que visam transformar a história em estágio de gerenciamento e provocam o retorno ao real, sob forma violenta, do que poderíamos entender, nas outras circunstâncias, como mensagem da irredutível defasagem entre simbólico e real.

Isso é aqui invocado menos para indicar de maneira banal a falibilidade que caracteriza todo empreendimento humano do que para frisar que a ocupação do lugar de sujeito, para um analisante, implica que ele assuma sua responsabilidade. Desse modo, uma associação assegura a formação, não os formados. O que significa: ela tem psicanalistas capazes de conduzir uma análise até o fim; tem psicanalistas capazes de ouvir os psicanalistas que desejam supervisão; dispõe de um conjunto de instâncias nas quais o saber psicanalítico pode ser transmitido. Ela tem, ou, antes, deveria ter, uma relação com a teoria que é de regeneração, pois a generalidade da teoria, por mais pertinente que seja, sempre está em falta com relação à singularidade renovada da experiência que permite. Nenhum observador sério e imparcial pode deixar de constatar que as associações psicanalíticas existentes são, qualquer que seja a reserva que se possa fazer quanto ao último ponto mencionado, de uma exigência maximalista.

Esse debate está no cerne das questões civilizacionais, muito embora, em termos quantitativos, o público da psicanálise possa parecer ínfimo, à parte alguns países como o nosso e os de fala hispânica. No âmbito qualitativo, contudo, o debate comporta uma questão de civilização suficientemente crucial a ponto de dizer respeito a todos nós. A psicanálise é uma prática que contribui para tratar do mal-estar na civilização, não apenas na base do um a um de uma experiência, mas intervindo numa nova tecelagem do laço social.

Existe na passagem do analisante a analista uma dimensão de aposta. Mas essa aposta não contribui para aumentar a incerteza do resultado, por um motivo que é próprio da psicanálise: sua eficácia decorre do fato de que os "formados" sempre alcançam mais do que a "formação" podia fazê-los esperar, desde que o tratamento não seja uma iniciação esterilizante. Freud, Lacan e outros são insubstituíveis — mas seriam os únicos, ou melhores analistas que outros que não têm um lugar eminente na história da psicanálise? Vá saber. Examinando os relatos dos casos de Freud (Dora, Hans, o Homem dos Ratos, o Homem dos Lobos, a jovem homossexual), observamos que as análises em questão não constituem sucessos estrondosos, sendo talvez a de Hans a menos fracassada. Podemos afirmar também que o gênio de Freud foi ter feito avançar a psicanálise a partir dos seus relativos fracassos clínicos, e que os tratamentos bem-sucedidos não têm história. De forma mais sutil, contudo, devemos nos perguntar se os resultados de um tratamento devem ser avaliados apenas no nível analisante-analisado. É evidente que aí está o essencial, e os ensinamentos extraídos especialmente da experiência do passe podem fornecer a prova de que a satisfação de um sujeito analisado nada tem a ver com o mascaramento provisório de um sintoma.

Para além disso, uma avaliação pertinente deve levar em conta três gerações: a dos analistas; a dos analistas formados por eles; e finalmente a dos analisados por estes. Aí é que poderíamos estabelecer a diferenciação entre o alívio do sujeito (bem-vindo, desejável, mas insuficiente) e a inseminação na sociedade de uma relação na qual o outro continua sendo o outro, irredutivelmente, ao mesmo tempo que é entendido como sujeito. Uma última palavra: a revolução freudiana tem como consequência destacar que o Analista, com artigo definido e maiúscula — o mestre que garantiria o sucesso de sua operação, conhecendo por antecipação a natureza desse sucesso e podendo prever sua programação —, não existe. Essa inexistência é inclusive a condição para que uma análise chegue ao fim, quando o sujeito consegue encontrar sua satisfação nessa própria falha. Não se trata, portanto, de buscar o Analista impossível de encontrar, mas de certificar-se de que "existe analista" naquele que assume ser o agente de uma prática que não tem precedentes, assim como a escrita não tinha antes de ser inventada.

O saber do psicanalista

Qualquer um sabe, sem ter lido Freud ou Lacan, que é possível domesticar uma língua (como visto com os nazistas, e hoje em dia com a palavra "social", por exemplo, que se tornou símbolo de tudo o que contribui para desfazer o tecido de mesmo nome). Não vemos por que motivo seria diferente com a língua psicanalítica, ou seja, com a língua que deve articular o saber atribuído à psicanálise:

de que existem pensamentos inconscientes, que o Édipo existe, que o sonho tem um sentido etc. Esse saber, como todo saber, pretende ser verdadeiro, mas se sabe que a verdade do sujeito sempre está por ser descoberta na sua forma concreta e singular, e que o saber psicanalítico não dispensa a experiência necessária a essa descoberta.

Essa distinção entre saber e verdade é decisiva, não só para determinar o estatuto do saber na psicanálise, especialmente sua relação com a ciência, mas para esclarecer novamente a singularidade da experiência analítica: ela aposta tudo na verdade do analisante, aquela que ele descobre ao reconstruir sua história, e nada no saber do psicanalista, senão o de saber sustentar o lugar que não usurpa esse desdobramento da verdade. Quando essa verdade é estabelecida, quando dá lugar a uma evidência comparável à do "eu sou" cartesiano, ela percebe no mesmo movimento que não pode dizer o todo do sujeito. O ato pelo qual o sujeito diz essa verdade escapa a esta. O sujeito se descobre, então, como não sendo redutível ao produto desse determinismo histórico que acabou de reconstituir.

Estabelecemos uma diferença entre o paciente que se dirige a um analista e o analisante que faz uma análise. Essa diferença não diz respeito ao conteúdo das sessões, mas ao fato de que só o analisante se inscreve na perspectiva de um fim intrínseco ao seu tratamento. Uma análise, com efeito, tem fim, ou pelo menos pode ter um fim. Essa restrição significa que o fim não é a constatação de um término, que naturalmente ocorre de qualquer maneira. Fim quer dizer que há, ao cabo da longa travessia constituída pela experiência analítica, um último passo libertador, uma derradeira passagem, após a qual nada será como antes. Nada disso é imaginável numa psicoterapia que, na melhor das hipóteses, se limita ao alívio do sintoma. A própria concepção do sintoma, por sinal, está em causa na oposição psicanálise/psicoterapia. Nesta, o sintoma é apreendido na sua incidência patológica, ou seja, no plano do gozo que o alimenta e que ele alimenta. Bem diferente é o lugar do sintoma na psicanálise, pois é apreendido como marcador do impossível da relação sexual. Seria o caso de invocar Alphonse Allais ou Charles Baudelaire como autoridades para reconhecer a impossibilidade da relação sexual? Bastaria Freud, que desde o início abordou a sexualidade humana como efeito de uma perda de objeto. Digamos, para abreviar, que *ninguém pode gozar no lugar do corpo do seu parceiro*. Digamos ainda, para ser um pouco menos lacônicos, que o sintoma se inscreve em falso contra uma sexualidade aprisionada numa obrigação de fusão que levaria a reconstituir o andrógino supostamente originário. No sentido inverso, a sexualidade é o aprendizado da alteridade, sendo o sintoma aquilo que o recorda àquele ou àquela que se obstina em não querer sabê-lo. Assim, por exemplo, a ejaculação precoce, através da qual o parceiro masculino se identifica com a parceira, assinala uma tentativa de compensar essa não identidade entre o gozo do seu corpo masculino e o gozo do corpo feminino dessa parceira. Acontece que, nesse caso, o fracasso da tentativa testemunha o fato de que não existe conjunção sexual. A ejaculação precoce, pelo contrário, deixa insatisfeita a parceira, talvez para que lhe fique claro esse incomensurável. Da mesma forma, na frigidez, a identificação da mulher com o falo tumescente significa de fato o desejo por um homem cuja ereção nunca cessasse. Mais uma vez, não é possível nenhum gozo de fusão.

O sintoma analítico se revela, portanto, como aquilo que originariamente presentifica a recusa do sujeito de ser mandado e desfrutado pelo Outro (antes de tudo materno) numa relação em que o seu ser de sujeito seria aniquilado. O sintoma sabe que não há relação sexual, no sentido de uma complementação dos sexos. O que está em questão numa análise, então, não é erradicar o sintoma, mas desmontar o fantasma que perverte seu sentido, levando o sujeito a acreditar que é culpado por gozar e criminoso por sentir-se satisfeito. Desse modo, se ao longo do tratamento um sintoma é dissolvido, essa dissolução não é um desaparecimento puro e simples, mas uma recomposição formal que assinala um novo passo no processo de separação do Outro. É exatamente o que foi indicado anteriormente com a distinção entre ser geracional do sujeito, que deve ser assumido sem ser reduzido a ele, e o ser de sintoma, com o qual deve haver identificação, sem submeter-se a ele. Freud não conseguiu enxergar tão longe, embora sem ele esse horizonte não pudesse nem ser suspeitado. Não podemos dizer, com efeito, que os tratamentos por ele relatados tenham sido levados ao fim, além do que, apenas nos últimos anos de vida, o autor escreveu sobre o questionamento quanto a essa exigência de um fim que fosse uma autêntica mutação. Lacan aceitou o desafio dessa nova questão, justamente se diferenciando da ortodoxia neofreudiana que organizava uma adaptação por *coaching* do analisante aos imperativos de uma sociedade mercantilizada. Foi pelo fato de essa questão do fim ter-se tornado cada vez mais decisiva que Lacan recorreu à topologia, que lhe permitiria, bem como a linguagem matemática no caso do Galileu, ouvir a língua do real tal como ela se impõe a partir do momento em que a questão do fim é colocada: uma passagem na qual os conceitos de corte e retorno ocupam lugar central. Corte que separa o sujeito do gozo do Outro, retorno do fantasma graças ao qual o sujeito consente em não mais ser o objeto que alimentava o gozo deste. Trata-se de pensar, ao cabo da experiência analítica, não o resultado da longa agonia do sintoma ou do afloramento cansado do fantasma no qual o sujeito abriga sua economia de gozo, mas uma autêntica descontinuidade. O que podemos dizer sobre esta é que procede de uma operação *pela* e *sobre* a transferência. A transferência analítica é, como frisou Freud, condição *sine qua non* de uma análise e, ao mesmo tempo, obstáculo a que ela tenha fim. Ora, a transferência não deve ser avaliada pelo critério da repetição. Ela põe em jogo aquilo que, do inconsciente, pode ser decifrado a partir da atualização do seu núcleo sexual, na relação com o analista. Não que todo analisante se apaixone por seu psicanalista, embora essa possibilidade exista, mas que todo analisante, para que a experiência não seja estéril, deve dar mostra de um fazer casal com seu analista — é o sentido do "pela" —, para enfim desatrelar-se — é o sentido do "sobre". Lacan chega a dizer que essa transferência é "transcendente", num sentido que poderia fazer ressoar a dimensão mística da experiência, caso não se tratasse apenas, no fim das contas, de aceitar simplesmente amar sem subordinar o amor ao acoplamento. E aqui, por sinal, mais uma vez o recurso à topologia orienta Lacan: a propriedade borromeana é aquela que permite ligar um elemento a outro, não diretamente, ou seja, por acoplamento, mas passando por um terceiro.

Podemos constatar que as associações psicanalíticas efetuam muito poucas trocas epistêmicas entre elas. É uma realidade lamentável, muito diferente do que acontecia na época em que a maioria dos psicanalistas que contribuíam para o desenvolvimento teórico participavam do mesmo debate, não hesitando, por sinal, em destacar-se de Freud, como na célebre "querela do falo" da década de 1930. Hoje, existe um saber endogâmico para cada associação: a IPA está dividida em diversas correntes (annafreudianos, kleinianos, winnicottianos... lacanianos) que coexistem paralelamente; quanto à comunidade lacaniana, depois da dissolução da École Freudienne de Paris por Lacan, em 1980, ela vivenciou uma dispersão que talvez ainda não tenha terminado e que se verificou sobretudo na forma das cisões. De qualquer forma, não é essa dispersão que está em causa, mas o fato de ter levado a transformar em norma de fidelidade associativa a ignorância das pesquisas efetuadas nas outras associações e um ensimesmamento sectário voltado para um saber decididamente provinciano, qualificado de rigor doutrinário de escola. Assim, foram suspensos debates sobre questões decisivas, com as "palavras geladas" de Rabelais.

Tomemos um exemplo: a respeito da relação entre o ser geracional e o ser de sintoma, podemos identificar teses próprias a cada uma das associações. Quase todas essas teses atualmente tendem a adaptar-se — sem reconhecê-lo, naturalmente, pois se trata de influências inconfessas — a uma conclusão elaborada por Jacques-Alain Miller no fim da década de 1990, a saber, que o Nome-do-Pai (pelo lado do ser geracional) é um caso particular do sintoma. O Nome-do-Pai é o operador que, separando o sujeito da infinitude inapreensível do desejo materno, produz a significação fálica, ou seja, permite à língua não ser compreensível apenas por seu locutor e permite também não sucumbir a um uso falante puramente metonímico, como em certos acessos maníacos. Na última parte do seu ensino, Lacan descobre que o sintoma (ele o chama então de *"sinthome"*) pode compensar a ausência desse operador. Mas nem por isso assimila sintoma a Nome-do-Pai. Essa conclusão, com efeito, abre caminho para a tendência a "psicoterapizar" a psicanálise. Sem entrar nos meandros do debate difícil, por sinal necessário, podemos levar em conta um argumento para ter noção do que está em questão e, a partir daí, orientarmo-nos para uma solução. Se a diferença radical entre o Nome-do-Pai e o sintoma está apagada, isso implica uma alternativa: ou bem (1) a distinção neurose-psicose-perversão é abolida e, sobretudo, a exigência de substituição do Nome-do-Pai pelo sintoma fica, paradoxalmente, sem objeto. Se, com efeito, o Nome-do-Pai nada tem de específico em relação ao sintoma, de que serviria substituí-lo quando ele está, na psicose, foracluído? A partir disso, chegar-se-ia a excluir as consequências e exigências que decorrem do fato de que existe para cada ser humano uma filiação e uma diferença sexual, seja-se hétero, gay, lésbica, travesti ou transexual.

Ou bem (2) (versão, digamos, "reacionária") o sintoma não passaria de um modo geral do Nome-do-Pai e, com isso, a separação em relação ao Nome-do-Pai, que significa que o sujeito não se reduz a ser "filho ou filha de...", não seria mais um critério essencial do fim de uma análise. O fim consistiria, então, em assumir o ser geracional, o sintoma não passaria de um estigma cicatrizado das identificações parentais e seria desativado como marcador da impossibilidade da relação sexual. Em ambos os termos da alternativa, vemos que o que falhou foi o que podemos chamar de emancipação da causa em relação ao determinismo. Notemos, aliás, que essa concepção de Miller está disseminada em muitos analistas que detestam Miller, sem que se deem conta.

Ora, este é o ponto que constitui a relação de inclusão externa da psicanálise à ciência. A ciência gostaria de limitar-se apenas ao axioma do determinismo. Notemos que um grande cientista como Kurt Gödel, apesar de inventor do indecidível,[14] nunca cedeu no seu projeto de suprimir o acaso. A descoberta psicanalítica, porém, escapa a esse axioma, pelo simples motivo de que, quando eu falo, o fato de falar não pode ser incluído e objetivado naquilo que eu falo. Por isso, a legalidade do determinismo termina diante do fato de que eu falo, fato que está do lado da causa. É o que, na experiência analítica, experiência de fala, alivia o sujeito, ou seja, livra-o corporeamente (fim da depressão e da angústia, para citar as duas "tetas" da dor de existir) da sua servidão em relação ao supereu e do sentimento de culpa daí decorrente. No fim, efetua-se uma inversão: a causa se emancipa do determinismo. Certamente poderíamos dizer que, no real do presente, correlato da imprevisibilidade do futuro, a causa tem em relação ao determinismo a mesma relação que o amor à conjunção sexual impossível. A causa substitui o determinismo no momento em que o real do presente não pode ser simbolizado no mesmo tempo em que é enunciado. Trata-se, sem dúvida, de uma racionalidade na qual mesmo a ciência, ou sobretudo a ciência, não nos habituou e que é acessível não pelo conceito, mas pela experiência. Tampouco poderíamos esperar algo da contabilização capitalista, sendo possível avaliar, na atualidade, que seu rigor de fachada recobre monstros que nem os economistas ganhadores do Prêmio Nobel conseguem domar. Temos de reconhecer que é entre os grandes místicos que podemos encontrar um raciocínio em ressonância com o que Freud descobriu, com a ressalva de não confundir religião e mística. Uma análise é uma experiência original, no sentido de que aquilo a que leva só tem valor pelo começo que esse fim inaugura. Ouçamos Lacan: "Esta experiência é essencial para isolá-la da terapêutica."[15]

Quanto ao saber do psicanalista, contudo, a palavra final talvez esteja em outro lugar. No seminário de mesmo nome, *Le Savoir du psychanalyste* (1971-1972), Lacan propõe a ideia audaciosa e subversiva de que o saber do psicanalista não reside no fato de saber o que é uma análise, o que está ao alcance dos analistas que fizeram uma análise didática, mas no fato de saber por que, sabendo o que é uma psicanálise, ele escolheu essa "aberração" de querer tornar-se analista também. Lembrando que esse saber, frisa Lacan, só é acessível a partir da experiência do passe, ou pelo menos de uma prova que permita ao analisante transformado em analista não permanecer submetido ao analista, qualquer que seja, que lhe tornou possível esse caminho.

Essa concepção da psicanálise certamente não é a mais habitual, e nos vemos ansiando, então, não por uma volta a Lacan, mas por uma travessia nova do seu ensino, na qual as associações de psicanálise e os psicanalistas sem associação uniriam suas discordâncias, para que a psicanálise não venha a invaginar-se naquilo do que saiu para existir. Em outras palavras, uma coisa é respeitar a escolha associativa ou não associativa de cada um, levar em conta as cisões ou agrupamentos quando correspondem a um posicionamento epistêmico e ético; outra, é aceitar uma localização estanque dos saberes que faz que a filiação associativa ou a fidelidade a supostos mestres tenha primazia sobre o debate teórico. A identificação do autor de um enunciado como meio de avaliar se tal enunciado é verdadeiro ou falso não é a melhor maneira de servir-se de uma bússola.

Notas

1. *"Und keiner Waffen braucht's und keiner/Listen, so lange, bis Gottes Fehl hilft"* (E ele não precisa de armas nem de artifícios/ até o momento em que a ausência de Deus venha em seu socorro). In "Vocation du poète" [Vocação do poeta].
2. Jacques Lacan, *Télévision* [Televisão]. Paris, Seuil, 1973.

3. S. Freud, "Dostoïevski et le parricide" [Dostoievski e o Parricídio], em *Oeuvres complètes*, PUF, 1994, Tomo XVIII.
4. Cf. o artigo de René Major em *Libération*, 15 de março de 2004, em resposta ao artigo conformista da senhora Aisenstein.
5. A Association Mondiale de Psychanalyse, dirigida por Jacques-Alain Miller, de fato se aproveitou amplamente da lei italiana de 18 de fevereiro de 1989 sobre a psicoterapia, transformando a seção clínica italiana em Institut de Formation Psycothérapique. Essa constatação não deixa de lançar dúvida sobre a radicalidade da recusa de qualquer forma de regulamentação estatal.
6. Com a emenda Bachelot, contudo, essa possibilidade já não é tão evidente, pois o acesso à formação qualificante é condicionado à posse de um dos três diplomas, em psicologia, medicina ou psicanálise.
7. SAMCDA: Sociedade de Assistência Mútua contra o Discurso Analítico, a sigla irônica forjada por Lacan em *Télévision, op. cit.*, 1978.
8. Podemos perfeitamente levantar a questão: ao dissolver a École Freudienne de Paris, Lacan não estaria querendo romper com toda Escola-instituição em proveito de uma associação mínima capaz de "fazer escola"?
9. Lacan, "Lituraterre" [Lituraterra], in *Autres écrits, op. cit.*, 2001.
10. Cf. G. Agamben, *État d'exception* [Estado de exceção], Paris, Seuil, 2003.
11. O desejo do analista é o desejo que o sustém no seu ato de analista.
12. Cf. P. Bruno, *La passe* [O passe], Toulouse, PUM, 2003.
13. Existem, atualmente, sete associações que praticam o passe com nomeação, num total de mais de vinte associações nacionais que seguem Lacan.
14. Cf. P. Cassou-Noguès, *Les démons de Gödel* [Os demônios de Gödel], Paris, Seuil, 2007.
15. Lacan, "Proposition du 9 octobre 1967 sur le psychanalyste de l'École", in *Autres écrits, op. cit.*, 2001.

4. O espaço social, na psicanálise

A questão da regulamentação das psicoterapias, interpretada por muitos como simples incidente da habitual paixão pelo controle estatal, parece-nos, ao contrário, sintomática de um modo renovado de organização social. Como não se poderia conceber a psicanálise fora do mundo, ou mais precisamente fora dos discursos que estruturam as trocas, ela não pode ignorar sua nova organização. De maneira recíproca, assim como as mutações sociais têm efeitos sobre os modos da subjetividade, as tensões e os conflitos que a psicanálise sempre provocou se deslocam ou se ampliam. Se sabemos que o lugar da psicanálise no espaço social sempre foi problemático, cabe frisar também que espaço social é questionado pela psicanálise. Daí o título deste capítulo. De tal maneira que a responsabilidade dos analistas é dupla: ela é determinante para a psicanálise, ela importa para o espaço social.

Disso verificamos que a exigência da regulamentação permitiu ver o novo lugar que a psicanálise foi convidada a ocupar, ao mesmo tempo que revelou a dificuldade dos analistas para adotar uma posição clara no sentido de responder a esse convite. Não podemos nos surpreender, no entanto, com o fato de que, como no passado, trata-se antes de tudo da recusa da radicalidade da prática analítica, através do questionamento das suas modalidades de transmissão. Não causa surpresa que o Estado, que está fundado na lógica da representação, não possa aceitar a exceção representada pela psicanálise em face das modalidades habituais de reconhecimento e garantia que ele concede às profissões. Nada de novo a esse respeito que já não tenha sido dito por Freud sobre a medicina no que se refere ao caso Reik, estando o essencial talvez na afirmação de que "a 'situação analítica' não tolera um terceiro",[1] logo: nada que represente alguma autoridade exterior ao próprio processo do tratamento e que viria a autenticá-lo e avaliá-lo. A radicalidade de Freud e Lacan a esse respeito foi completa, e sua clarividência levou muito mais longe, a ponto de deduzir a incompatibilidade fundamental da psicanálise com os ideais do *American way of life*.

Se considerarmos seriamente seus enunciados, não podemos alimentar ilusões quanto às ameaças que pesam sobre a própria possibilidade de sustentar uma prática analítica. Se quisermos levar em consideração que, desde o início do século XX, quando Freud foi o primeiro a fazer essa constatação, o modelo liberal anglo-saxônico ampliou seu império de forma incessante, como nos espantar com o fato de que o que era incompatibilidade tenha se transformado em antinomia?

Mas há quem considere que a novidade não é tão grande e que o desconforto da prática analítica também é o que garante que ela perdure: necessariamente rejeitada por toda a organização social, ela se consolida como lugar de acolhida do que foi rejeitado. Posição de certa maneira marginal, incompleta, extraterritorial da psicanálise, que se escoraria na proteção ordinária conferida ao exercício liberal.

Mostraremos quanto esse ponto de vista nos parece insustentável, embora baste, por enquanto, observar que a atualidade cuidou de invalidar semelhante expectativa: é de fato por já não tratar-se de permitir o livre desenvolvimento do mercado das psicoterapias que a psicanálise corre o risco de ser colocada sob a garantia avaliadora do Estado. Afinal, conforme sustenta o discurso liberal clássico, a intervenção estatal, longe de diminuir, ampliou-se maciçamente até o que outrora continuava no terreno privado e não conhecia a célebre lei do *"laisser faire"* que governa o mercado. Essa importante transformação — que é uma característica do neoliberalismo — inclui a esfera privada no espaço público e faz da própria vida dos indivíduos receptáculo dos bens com valor de troca.

É nesse contexto que se situa o fato de agora existir um mercado de psicoterapias, ou seja, não só o mercado das profissões, mas uma bolsa de valores "psi". É nesse novo espaço, nessa nova variante do discurso do capitalista, que devemos ressituar o episódio da regulamentação das psicoterapias. Trata-se de instaurar ativamente na ordem mercantil práticas de troca de falas até então livremente contratualizadas. Isso ocorre em nome da segurança e do bem dos "usuários", no contexto da nova lei *de saúde pública*. Nessa nova lógica de organização de um mercado da segurança e da saúde, a psicanálise, a curto ou médio prazo, torna-se objeto da mesma solicitude do Estado.

Como imaginar que ela pudesse escapar a isso? Por que motivo ela seria isentada da lógica de controle das psicoterapias? Tudo nos faz acreditar, ao contrário, que é ela, a psicanálise, que deve ser objeto das medidas de limitação e controle, em virtude da ameaça que representa. Com efeito, se as psicoterapias prometem uma satisfação (diminuição ou eliminação do sintoma, bem-estar, otimização das competências etc.), convergindo nesse ponto decisivo com a lógica do consumo, a psicanálise rompe com essa promoção do objeto e critica em ato sua função de fetiche. Se as psicoterapias, na sua própria profusão e multiplicidade, na sua incessante promoção de "novidades" e "técnicas", participam do balé do consumo e da demanda, a psicanálise trabalha no sentido de identificar o que opera, para um sujeito, nesse percurso cego. Nesse sentido, ela denuncia o turbilhão infernal do laço social dominante, chamado por Lacan de discurso do capitalista, e justamente por isso representa uma ameaça que deve ser circunscrita.

O império da psicologia

Para simplesmente reafirmar os princípios nos quais Freud e Lacan haviam defendido a especificidade da psicanálise frente ao "serviço dos bens",[2] os analistas deveriam ter formado uma frente unida. Contudo, em resposta à iniciativa do poder, o movimento analítico se mostrou profundamente dividido, *exatamente como se mostrara* em relação à prática "leiga" da psicanálise ou à nomeação do psicanalista.

Os parâmetros estruturais do momento contemporâneo são em primeiro lugar os do discurso do capitalista, e mostraremos de que maneira ele se articula ao discurso da ciência e no que o discurso analítico faz objeção a isso. Gostaríamos de insistir aqui numa modalidade particular do discurso universitário que o segue, o discurso da psicologia,[3] que adquiriu nova consistência no trabalho das ficções que legitimam o laço social dominante. Situa-se nesse ponto a novidade da ameaça que pesa sobre a psicanálise em relação ao combate de Freud no caso Reik: a ameaça não provém mais da medicina, e sim da psicologia. Se Freud teve de argumentar contra a lógica do exercício médico e mostrar no que a psicanálise decididamente se distinguia dele, é chegado o momento em que os psicanalistas devem mostrar no que sua prática se distingue essencialmente do discurso da psicologia, no exato momento em que este domina.

É importante distinguir os dois, pois se a medicina, segundo a lógica do discurso da ciência, tende a isolar o sujeito, a psicologia, ao contrário, empenha-se em propor a ficção de um outro "sujeito", a quem incumbe a tarefa de recuperar o que foi rejeitado pela ciência. O sujeito da ciência, sabemos desde Descartes, é sem qualidades, é puro operador dos enunciados formais. Essa lógica rigorosa é fria e implacável, nada diz que qualifique o indivíduo particular nela inscrito, embora possa proporcionar uma espécie de apaziguamento pela crença nos poderes infinitos da ciência e pela promessa que constantemente reproduz. Apesar disso, não é suficiente para apaziguar o mal-estar subjetivo nem para tornar-se religião.

Em sentido inverso, a psicologia propõe outro "sujeito", que constitui uma ficção eficaz como resposta para essa falta. Ela se escora nos enunciados da ciência, que, como tal, isola o sujeito, mas reintroduz um novo "sujeito" como lugar de unificação das faculdades, dos afetos ou das competências. O sujeito da psicologia se deduz, se reforça, se sustenta num saber que envolve funções, capacidades, condutas ou afetos. Enquanto a psicanálise postula a divisão do sujeito pelo próprio fato de haver um saber inconsciente, a psicologia constantemente promete sua unidade, pela conquista de um saber por vir. Esse saber reivindica cada vez mais o discurso da ciência e, hoje em dia, abriga-se de bom grado no prestígio das neurociências. Mas o sujeito daí deduzido está submetido a esse saber, deve tornar-se seu aluno. Os saberes que constroem as disciplinas do campo da psicologia se tornam, assim, proposições a serem adotadas por sujeitos.

A proliferação dos preceitos normativos resultantes disso é uma das características da nossa época: os sujeitos da psicologia, que somos convidados a nos tornar, devem conformar-se a isso de forma empenhada. Do deprimido ao hiperativo, do traumatizado ao assediado, no grande mercado da multiplicidade dos saberes, cada um é convidado a escolher a forma-sujeito que mais lhe convém, por tempo e utilização limitados: no trabalho, na escola, com os parceiros sexuais e, naturalmente, com os seus "psi". Ao sabor da oferta que lhe agrade escolher no mercado das propostas "psi", cada um é assim levado a construir seu personagem, eminentemente inconstante.

É bem verdade que esse reinado da psicologia não é novidade e que Freud conheceu suas premissas, inicialmente para reivindicá-las e depois para destacar-se delas, opondo-lhes sua "metapsicologia". Meio século depois, tudo era totalmente diferente, e devemos à lucidez de Georges Canguilhem a formulação da crítica mais radical tanto das suas pretensões científicas quanto da sua posição servil em relação aos poderes da política dirigente ou da polícia. A essa crítica, Lacan deu apoio entusiástico.[4] No entanto, se o diagnóstico fora feito, o alcance do fenômeno estava longe de ter atingido o apogeu, e ainda foram necessários cerca de trinta anos para que pudéssemos mensurar o investimento maciço da psicologia no que Michel Foucault chamou de *governamentalidade*.[5]

Para a psicanálise, a ameaça não é mais a de ser excluída pela medicina, mas deixar-se *incluir* no império da psicologia, das suas práticas e dos seus modos de reconhecimento. Na verdade, muitos psicanalistas já são recrutados pelo novo mercado de trabalho "psi", seja na vertente assalariada, seja na liberal. Isso decorre da ampliação da demanda social, que podemos designar como injunção generalizada da fala, injunção que exige técnicos certificados, eficazes e fiscalizados. Nesse imenso novo campo de práticas — que vai da prevenção materna e infantil às novas formas de gestão dos efeitos danosos do gerenciamento empresarial, passando pelas prisões e pelo Samu social —, as versões brutais da reeducação das condutas (terapia cognitivo-comportamental, ou TCC)[6] são apenas uma das modalidades de oferta da psicologia, cujo campo agora se estende sem limites ao terreno da "saúde mental positiva", incluindo a aptidão para a felicidade.[7]

Não foram muitos os psicanalistas que identificaram o perigo desse estado de coisas para a psicanálise. Muitos preferiram pensar que bastava filiar-se à análise para estar *ipso facto* situado fora do campo da psicologia, no exato momento em que eram empregados nas instituições cada vez mais numerosas e variadas, nas quais a proposição "psi" já fazia parte da oferta de gestão dos recursos humanos. Ilusão de extraterritorialidade tanto mais consistente à medida que, no interior do contexto formal do seu exercício (o consultório "psi"), cada um podia quase sempre julgar-se livre na sua técnica. Recentemente, a ampliação da lógica gerencial em certas instituições serviu para mostrar que não era nada disso, ou que esse tempo havia ficado para trás: os gestores do setor associativo, hospitalar ou liberal, já não se privam de impor suas escolhas "técnicas" e sua preferência declarada (especialmente pela TCC), em nome dos imperativos financeiros e das "normas de qualidade".

O ESPAÇO SOCIAL, NA PSICANÁLISE

Uma dificuldade de igual proporção se colocou no âmbito universitário. A receptividade de gerações de estudantes de psicologia ao pensamento analítico se viu atrelada às próprias condições de difusão do saber na universidade e à considerável mutação do campo das práticas a que essas formações profissionais davam acesso. Posição difícil, e mesmo ambígua, de um ensino apartado do seu lugar de surgimento — a cura individual — e que dá acesso a profissões do campo da psicologia, e não à prática analítica.[8] Não se trata de perfilar sob mesma bandeira tentativas diversas e posturas distintas, porém é fato que essa difusão da psicanálise na universidade para os psicólogos — e, mais além, para o imenso campo dos profissionais do social, através da formação permanente — facilitou a ampliação do império da psicologia, a título de um novo modo de gestão do "social".[9]

Em ambos os casos, nas instituições ou na universidade, não se colocou com todo o rigor a questão de saber como e a título de quê caberia aí defender algo do discurso psicanalítico. Por esse motivo, a iniciativa estatal que visava regulamentar o exercício das psicoterapias não foi verdadeiramente concebida. Ela apenas foi considerada uma agressão vinda de fora (o Estado, a corporação dos psicoterapeutas), e não sintoma de uma ameaça de inclusão que pesasse sobre a psicanálise. Na ausência de definição do perigo, o que houve foram apenas manobras táticas confinadas ao sigilo dos gabinetes ministeriais, em vez de haver a explicitação clara para o público em geral sobre o que estava em jogo.

Acreditar que se tratava "simplesmente" de um caso de fiscalização e avaliação do exercício profissional psicoterápico, e que seria o caso de distinguir a psicanálise, acreditar inclusive que ela poderia, ainda por cima, ganhar nisso uma espécie de abrigo jurídico levou muitas associações, agrupadas no que veio a ser chamado de Grupo de Contato, a corroborar *de facto* o próprio estatuto das questões que lhes eram dirigidas. Ao invés de questionar os próprios termos da exigência feita aos psicoterapeutas (exigência de uma escuta sem garantias) e de questionar, a partir da ética analítica, os motivos expostos para legitimá-la, aceitou-se o assunto e o enunciado da questão. A preocupação em preservar o estatuto jurídico da psicanálise levou vantagem sobre a necessidade de inverter a questão e questionar, em nome da psicanálise, a exigência de segurança e controle que se fazia a todos. A psicanálise não pode perdurar como prática sem tomar posição como tal no campo conflituoso dos discursos.

O público da psicanálise

Desde a sua origem, a psicanálise não se preocupou apenas com ser tolerada. Ela conduziu de forma ativa um combate na cultura, motivo pelo qual Freud sempre se preocupou em endereçar-se a um público amplo, muito além do círculo dos seus praticantes. Disso dão testemunho suas correspondências e seus textos explicitamente dirigidos a qualquer leitor esclarecido, sem concessão alguma quanto à doutrina e à ética. Podemos ver nessa preocupação a marca do espírito do Iluminismo, pois havia em Freud a convicção de que a Razão deve participar da organização do espaço social. Em muitas oportunidades ele se dirigiu à opinião pública mais ampla, não só para informá-la, mas para desconstruir as ilusões da sua época. O fato de mostrar como a sociedade, na sua própria organização, participa de forma ativa de um desconhecimento do que a psicanálise traz à luz nunca o impediu de expor seus mecanismos, numa linguagem acessível a todos. Apesar de equivocadamente ter sido considerado um pessimista, ele nunca se eximiu de participar dos debates do seu tempo. Se, para ele, o mal-estar na civilização era estrutural, e não contingente, pareceu-lhe essencial explicá-lo do ponto de vista da psicanálise, além de torná-lo conhecido no espaço público, em vez de ter reservado essa primazia a um círculo reduzido de conhecedores.

Em suma, Freud não só não hesitou em responder às interpelações que lhe eram feitas em nome da ciência ou da moral, não só soube defender com as palavras mais simples e sem fazer concessões o exercício específico da psicanálise, como, durante toda a vida, não cessou de questionar o mundo no qual vivia. Religião, guerra, lógica das massas, que pesadelos do seu tempo ele não terá enfrentado, ele, o burguês judeu de uma Viena em declínio! Podemos ver aí a grandeza e a coragem de um homem, podemos ler nas suas trocas com Einstein, Zweig ou Romain Rolland a grande preocupação do pensamento do Iluminismo no seu declínio. Também devemos ver algo mais decisivo, já que mais específico, relacionado à psicanálise como tal: não é possível que ela exista sem que se dirija ao público, ou seja, sem levar em conta a situação do seu discurso no próprio seio da época a que pertence. A experiência do tratamento, o vínculo singular que se estabelece entre analisante e analista não se instaura sem relação com o que Freud chamava de *Kultur*, ou seja, certo estado da civilização. É exatamente o que Lacan conceituou com sua teoria dos discursos, o que implica que o laço analítico não pode ser entendido de forma isolada das outras modalidades de laços sociais. Pensar nos termos da lógica dos discursos permite colocar a necessidade estrutural de uma política da psicanálise: o fato de haver análise é uma questão de singularidade, de encontro, mas também de política.

Um discurso não sem os outros

Postulemos que a ruptura inaugurada por Freud é, portanto, a de um novo laço social. Do analisante àquele que o escuta, foi colocado algo que vai de encontro a outras modalidades de laços discursivos instaurados até então entre os homens. Um fala, o outro escuta e não responde, um solta as amarras da sua fala e se ouve falar, surpreso com o que lhe chega aos ouvidos, enquanto o outro deixa flutuar sua escuta... Como dizer o que se estabelece entre esses dois, ou antes, como entender a extraordinária ruptura operada por Freud na troca ordinária de falas que estabelece o convívio habitual entre os homens?

É bem verdade que podemos facilmente dizer a que ponto essa relação — transferencial — distingue-se das outras. É o caso de todos aqueles que antecipadamente postulam o saber como um bem a ser alcançado, antes mesmo que o sujeito abra a boca: ruptura considerável, essa inversão da posição do saber; o saber inconsciente está por vir na fala analisante. Mas de fato sentimos que é preciso ir mais adiante e realmente explicar essa nova modalidade de "laço social". Terá sido este o trabalho de Lacan: articular uma lógica que dê conta desse laço.

"Discurso" é o nome genérico dado a essa articulação significante, agenciamento de lugares cujas relações lógicas têm efeitos impositivos para toda fala que venha a ser proferida. Vinculação que se realiza pelo fato de falar e que implica aquele que fala *e* aquele que se deixa tomar pela implicação dessa fala. Ora, para estabelecer como o tratamento se distingue das outras modalidades existentes de laços discursivos, Lacan precisou caracterizar esses outros modos, situá-los uns em relação aos outros. É assim que ele chega a distinguir quatro discursos — do mestre, da histérica, do universitário e do analista — designados pelo nome do que opera como agente, orientando o laço e determinando seus efeitos. O discurso analítico é, portanto, essa modalidade de laço que põe em marcha a fala analisante, o discurso do mestre, aquele que é comandado pelo significante mestre etc.

Para formular a definição do discurso analítico, Lacan não cessou de realizar idas e vindas de um discurso a outro, esclarecendo e retificando os termos e as designações capazes de escrever as diversas modalidades de laços sociais. Ele os enumerou, nomeou e especificou na sua articulação lógica, não apenas separadamente, mas nas suas relações respectivas — pois eles não se sustentam sozinhos, definem-se e se esclarecem uns aos outros. É assim que a novidade do discurso analítico é definida por oposição ao outro laço social que é seu inverso,[10] o discurso do mestre. Da mesma forma, o modo de questionamento no qual Freud teve a coragem de deixar-se capturar é chamado de discurso histérico, que dá acesso ao discurso analítico. A leitura de um discurso só adquire seu alcance ao situar-se na ronda dos quatro.

Enquanto certa história da psicanálise fizera da invenção freudiana fruto de uma criatividade genial vinda de lugar nenhum, Lacan se empenhou em identificar o surgimento do discurso analítico entre as diferentes formas possíveis de laços discursivos. Sua preocupação em estabelecer a modalidade original do discurso que estrutura a prática da cura só pôde ser levada a cabo no próprio movimento de definição e de distinção em relação às outras. A estrutura, assim, é a dos quatro discursos, cuja escrita obedece a certo número de necessidades formais que ligam uns aos outros. Longe de poder ser entendido isoladamente, o discurso analítico deve ser situado entre os outros, cujo conjunto constitui uma estrutura.[11]

Discurso, história e política

Embora seja estável, a estrutura dos quatro discursos não é imutável, ao contrário do que pode ter feito pensar a ideologia estruturalista, que alimentou a crença no fim da história, em proveito do reinado eterno das invariantes. Lacan não hesitou em declarar que os acontecimentos de 1968 de fato haviam mostrado, pelo contrário, que "as estruturas descem à rua".[12] Em muitas oportunidades do seu seminário, ele esclareceu o surgimento histórico de certos discursos e seu efeito sobre os outros, chegando a situar o advento do discurso analítico tanto na dependência do discurso da ciência quanto como reação ao do capitalista.[13] Quanto à perenidade dos discursos, que poderíamos acreditar como decorrente da estrutura, não lhe parecia de modo algum certa, tanto no analítico quanto no do capitalista, a cujo respeito afirmava que, não obstante sua terrível eficácia, poderia perfeitamente estar "ameaçado de arrebentar".[14]

Os diferentes discursos não podem, portanto, dissociar-se do seu surgimento no tempo — em particular do discurso ao qual sucedem (existe uma "memória dos lugares") — nem ser concebidos independentemente da dominação dos outros. De tal maneira que não se trata apenas de pensar o discurso analítico como inserido na estrutura dos quatro, mas de apreendê-lo como uma escrita sob tensão. Se a definição grega de política, segundo Arendt, consiste na pluralidade e na conflitualidade das falas, a teoria lacaniana dos discursos permite acrescentar que, para os seres falantes, existe um número finito de possibilidades de apreendê-la e de ser por ela apreendidos. Os agrupamentos sociais que se fazem, se desfazem e se confrontam estão submetidos à sua lei; e o que faz sociedade pode ser caracterizado pela dominante — social — de um discurso. Diremos, por exemplo, que a sociedade burocrática se caracteriza pela dominação do discurso universitário,[15] que coloca o saber em posição de agente. Isso não significa em absoluto que os outros três discursos não tenham algum alcance no reino da burocracia, como bem demonstra... a queda do muro de Berlim.

O fato de haver laços sociais distintos, com sua coerência e sua estabilidade, não implica de modo algum que sejam isolados e independentes. A conflitualidade estrutural dos discursos é, pelo contrário, facilmente identificável, como indicam certos pares: histérica/mestre, analista/universitário etc. Trata-se de apreendê-los nas suas relações de tensão e instabilidade e assim levar em conta, no que diz respeito ao discurso analítico hoje, sua situação no conjunto da estrutura.

A instauração de um discurso, sua prevalência, assim como sua perenidade não podem, portanto, ser entendidas fora do contexto no qual ele se situa. Nesse sentido, a ideia de uma independência do discurso analítico em relação às suas condições históricas de possibilidade é um erro, do ponto de vista da própria psicanálise. Embora haja quem reivindique a exceção do discurso analítico, argumentando o caráter "associal" da psicanálise e exaltando sua "extraterritorialidade". Eles reivindicam a necessária distinção do discurso analítico, postulando como princípio sua radical independência em relação aos outros discursos. De acordo com essa opinião, bastaria que a psicanálise se excetuasse do jogo social para perdurar como tal.

Isso seria ignorar que ela não pode ser associal — se nos ativermos à definição do laço social como discurso —, mas que, ao contrário, ela opera uma atualização da radical imperfeição de todo laço social, de sua incompletude estrutural. O suposto caráter associal deve ser atribuído, em oposição, a seu impacto necessariamente conflituoso sobre os outros discursos, e a extraterritorialidade reivindicada por alguns muito se parece com um recuo diante do conflito. Freud formulou esse alcance cultural da psicanálise nos termos de um mal-estar na civilização que ela podia enunciar como incurável (o que, cabe notar, não era a melhor maneira de evitar o tensionamento dos discursos!). Lacan, por sua vez, escreveu esse impossível na própria estrutura discursiva.

A psicanálise não está fora nem ao lado das outras formas de laços sociais. Sua existência causa tensão na estrutura de conjunto e questiona o seu fundamento. Além disso, essa tensão foi agravada pela própria escrita que Lacan forneceu dela, a qual teve impacto direto não só no movimento analítico como no campo social como tal. Enquanto Freud havia caracterizado o objeto da pulsão como esse objeto perdido cuja busca orientava o desejo do sujeito, Lacan fez dessa perda o motor da fala no tratamento.

Essa escrita, se ela especifica o discurso analítico, no mesmo movimento esclarece no que ele faz objeção aos outros discursos que nada querem saber a respeito. É nesse sentido que podemos dizer que a escrita dos quatro discursos teve um alcance cultural e político. A combatividade de Freud no espaço público adquire, assim, todo o seu alcance: é precisamente porque o discurso analítico não pode ser entendido isoladamente que os analistas devem situar-se na estrutura de conjunto dos discursos, nela conduzindo o debate.

O império das ciências humanas

Situar o discurso psicanalítico no nosso tempo implica, portanto, levar em conta a relevância dos outros discursos e das mudanças que afetam o seu ordenamento. Acontece que sobreveio no último século um fato novo, que se acelerou nas duas últimas décadas: o "laço social" se tornou objeto de um saber e assunto de governo. Trata-se do efeito direto do desenvolvimento exponencial das "ciências humanas", que remodelaram completamente as ficções dominantes e construíram um novo objeto, "o social", e seu elemento, "o sujeito do social". A sociedade se tornou um bem a ser defendido,[16] e o "sujeito" se viu assim redefinido como componente elementar do social. "Laço social" e "sujeito" foram completamente moldados, retrabalhados pelo discurso das ciências humanas, as quais, qualquer que seja a sua definição, assinam embaixo do ideal da ciência. A sociologia, logos do social, e a psicologia, logos do sujeito no social, foram as grandes trabalhadoras dessa imensa obra. A ficção do laço social — vale dizer, a representação do que faz sociedade para os sujeitos — tornou-se questão de governo, assunto de governamentalidade. Desse modo, a designação, através das estatísticas, de subconjuntos de populações nomeadas pelo saber sociológico foi acompanhada pela identificação correlativa dos sujeitos na condição de elementos desses conjuntos. Agrupamentos (quantificados) de populações e interpelações de sujeitos (identificados) fazem agora parte do vocabulário corrente, passando por fatos evidentes, quando na verdade se trata de um fato da história cuja genealogia deve ser construída.

Os enunciados foucaultianos orientam aqui a nossa leitura. Observemos que o conceito de discurso foi apresentado por Lacan no exato momento em que Foucault dele fazia um objeto essencial das suas investigações. Alguns textos dão testemunho disso, a começar pela conferência de 22 de fevereiro de 1969, intitulada *O que é um autor?* — à qual Lacan assistiu[17] —, *A arqueologia do saber* (1969) e o discurso inaugural no Collège de France, *A ordem do discurso* (1970), que expõe seu vasto programa. Naturalmente, seria um equívoco superpor os conceitos de discurso em ambos, mas também seria aberrante não perceber seu parentesco. Este não é o lugar para desenvolver uma leitura da relação de Foucault com a psicanálise, e certamente podemos aceitar a ideia de que o encontro afinal não se deu. Mas é evidente que, a pretexto desse fracasso, muitos analistas se eximiram de levar em conta a pertinência do seu trabalho, muito embora ele antecipasse de maneira incrivelmente lúcida as mutações sociais contemporâneas, atribuindo à "função psi"[18] um lugar de destaque na ordem dos discursos. Se, do nosso ponto de vista, ele estava equivocado ao identificar a psicanálise *como tal* (ou seja, como discurso no sentido de Lacan) a uma prática disciplinar, não deixou de acertar ao denunciar o fato de que "a ordem dos discursos" aspirava muitos analistas num investimento normativo do campo social.

Um discurso, segundo Foucault, consiste na organização regulada dos saberes, das práticas e dos dispositivos que induzem regimes de verdade e produzem modos de subjetivação adequados a esses regimes. "Dizer verdadeiro" não pode abstrair-se do regime de verdade no qual esse dizer se situa, e, reciprocamente, toda veridicção é induzida por um discurso dado.[19] Nesse sentido, a realidade é um produto do discurso, o que permite dizer, por exemplo, que a loucura como doença mental é um produto histórico do alienismo. Isso não significa que ela seria pura ilusão, que "não existiria", como sustentou a vulgata antifoucaultiana, mas que não pode ser dissociada do discurso que a coloca como tal. Desse modo, saberes, práticas e posições subjetivas são deduzidos de um "discurso" particular. A "verdade do sujeito" — segundo os próprios termos de Foucault — não pode ser concebida fora da limitação formal do discurso no qual ele é apreendido (se apreende). A instituição desses discursos define saberes, disciplinas, práticas e modos de subjetivação, vale dizer, formas de veridicção, procedimentos de governamentalidade e pragmáticas de si.[20]

Essas modificações discursivas não podem ser dissociadas do surgimento das ciências humanas. As "ciências do homem" — a ironia de Foucault a esse respeito foi também a de Lacan — são ciências da dissolução da figura do homem clássico, são saberes e práticas de objetos novos que participam de um modo inédito de governo, de um modo novo de biopoder. Essa nova ordem dos discursos participa de uma mutação da organização social e, portanto, dos indivíduos. Foi-se o tempo em que o discurso do mestre estruturava um regime de soberania cuja organização vertical atribuía a cada um o lugar ao qual devia sujeitar-se, mediante significantes mestres. Veio recobri-lo outro modo de governo que não se preocupa em sujeitar o indivíduo ao poder que o domina, mas em produzir "sujeitos de governo", indivíduos que se pensam e se pretendem atores da sua própria situação no discurso. Cada um é convidado a participar e concordar com a obra comum, "a sociedade"; para isso, não é mais necessário o comando do Príncipe, da autoridade do mestre, pois os sujeitos se autoproduzem com essa finalidade, sob o regime do discurso universitário. O imenso corpo de saberes e práticas das ciências humanas participou dessa nova construção eficaz, dessa governamentalidade inédita, tanto pelos objetos que produziu quanto pelos sujeitos que moldou.[21]

Psicologia e políticas de saúde mental

É nesse movimento de grande amplitude que devemos situar o fato que nos diz respeito mais de perto, a saber, a inflação do saber psicológico, cujas categorias estão agora investidas na vida política. Esse fato do discurso deve ser apreendido como tal, ou seja, nas suas dimensões de saberes, práticas e efeitos de subjetividades que participam da fabricação de uma realidade, vale dizer, de uma ficção compartilhada. As categorias de "vítima", "luto" e "trauma" — para ficar nas mais evidentes — induzem efeitos de verdade, estruturam práticas no direito, na medicina, na gestão dos acontecimentos sociais, e induzem efeitos na subjetividade, identificando-se os indivíduos como "traumatizados", "enlutados", "vítimas" etc. Essas designações constroem o próprio laço social como ficção, fixam seu perfil normativo. Lacan soube distinguir em

Bentham essa lógica das ficções, cuja importância no regime neoliberal contemporâneo é demonstrada em certos trabalhos recentes.[22] É, inclusive, através desse trabalho das ficções que a "nova governança" investe o campo do íntimo para transformar o indivíduo em "empreendedor de si mesmo". A psicologia é particularmente solicitada a cuidar dessa tarefa, tanto na sua dimensão de produção (*coaching*, otimização de recursos) quanto de reciclagem e recuperação (psicoterapias adaptativas).

Aos poucos, tudo que até então restava (inclusive no liberalismo clássico) fora das regras do mercado vem a ser invadido pelo saber submetido à lógica do valor. Os laços genitor/filho, empregado/patrão, mestre/aluno são inteiramente investidos por saberes, práticas e normas que contribuem para induzir posições subjetivas adaptadas. Nessa lógica, o mal-estar é chamado de "sofrimento psíquico" ou "depressão", e a oferta de tratamento psicoterápico ou medicamentoso pretende dar uma resposta, não sem produzir personagens que se definem eles próprios como "usuários" dessa oferta. Assim, os "antidepressivos" produzem "deprimidos". O impacto do saber derivado da psicologia é patente no conjunto do campo social, e qualquer consulta de psiquiatria infantil é disso um exemplo, de tal maneira a demanda é ordenada pelo discurso que se impõe aos pais. O campo "clínico" está completamente investido, recomposto e codificado por isso.

Construir o normal pressupõe o patológico como limite, e, reciprocamente, definir o patológico produz o ponto de fuga de uma nova perspectiva da normalidade. A designação recente de "novas patologias" evidencia esse trabalho incessante de redefinição dos objetos e personagens que operam no campo da "saúde mental". As ficções da "depressão", da "hiperatividade" da criança ou da "pedofilia" são maneiras de incluir novos objetos na conta da patologia e propor, ao mesmo tempo, figuras adequadas de subjetivações ("depressivos", "hiperativos", "pedófilos").

Dois modos desses "distúrbios" desde logo privilegiados coexistem hoje em dia: os medicamentos "psicotrópicos" e as "psicoterapias". O prefixo comum convida a enquadrá-los na "função psi", pois seria um equívoco opô-los: um não vai sem o outro, e eles são explicitamente articulados nos planos governamentais que antecipadamente fixam o contexto do dispositivo por vir. Um conjunto considerável de leis, relatórios e regulamentações destinados a organizar a "nova governança" dos estabelecimentos deve ser levado em conta aqui para ver desenhar-se a nova paisagem organizada por uma lógica específica. O controle, a avaliação, a segmentação e o estabelecimento em rede das práticas são aí definidos, com toda a clareza, como instauração de uma nova gestão humana. Os psicoterapeutas, que têm seu lugar nesse conjunto precisamente articulado, nele são submetidos como os demais à lógica burocrática do valor, credo neoliberal da reorganização das políticas públicas. Cabe lembrar que o artigo 52 faz parte de uma nova lei *de saúde pública* e que os psicoterapeutas constam doravante como tais dos diversos "esquemas de organização" da saúde mental. Desse modo é que o chamado relatório Cléry-Melin, "Plano de ação para o desenvolvimento da psiquiatria e a promoção da saúde mental", entregue em setembro de 2003 ao ministro da Saúde, da Família e dos Idosos, prevê uma verdadeira rede de saúde mental sob a égide de um psiquiatra coordenador, na qual "a oferta dos cuidados de primeira linha" é efetuada pelo clínico geral e pelo psicoterapeuta. Desde então, muitos textos confirmaram o estabelecimento planejado de uma lógica de conjunto, dita de saúde mental, cujos aspectos securitários (prevenção da reincidência e obrigatoriedade do atendimento) se articulam com uma preocupação higienista extensiva. A multiplicidade das formas de intervenção pública ou paraestatal que estruturam há muito tempo o "trabalho social" e as políticas de prevenção é atualmente unificada numa política de "redes de saúde mental", nas quais a conexão das práticas poderá ser operada pela regra imprecisa do "segredo compartilhado".

Que se trata de uma política decidida e pensada como tal transparece facilmente na sucessão de relatórios oficiais a respeito da psiquiatria e depois da saúde mental, publicados nos vinte últimos anos. O mais recente deles (novembro de 2009), entregue à secretária de Estado encarregada da prospectiva e do desenvolvimento da economia digital,[23] vem fechar todo o sentido desse conjunto. Apoiando-se nos trabalhos dos economistas J. Stiglitz, A. Sen e J.-P. Fitoussi, ele encara a saúde mental como um "novo paradigma", na condição de um "direito fundamental do homem". Os gastos em razão dos "distúrbios de massa da subjetividade individual" impõem uma política preventiva, mas não resumem o projeto, que é muito mais vasto. Trata-se simplesmente de promover, na verdade, o conceito de uma "saúde mental positiva", o que implica uma nova concepção que os indivíduos têm do seu próprio bem-estar, o qual deve ser pensado numa nova língua (*self-esteem*, *mastery, coping*, em inglês no relatório) para racionalizar o seu desenvolvimento. Com efeito, não só o custo da "saúde mental ruim" é considerável, como é necessário integrar nas nossas representações que "uma vida bem-sucedida implica doravante a saúde mental". Nada há de regional ou tipicamente francês nesse projeto, e sim uma política comum da União Europeia, que implica uma "mudança de paradigma que a França tem dificuldade de acompanhar".[24]

Os psicanalistas sem abrigo

É notável que tão poucos psicanalistas tenham percebido a relação que se impunha, pela simples leitura dos textos, entre um planejamento burocrático da "saúde mental" e o controle das práticas de trocas de fala (ditas "psicoterapias"), que até então haviam permanecido na esfera privada.[25] Em seu desejo de distinguir-se da massa dos psicoterapeutas, eles não perceberam que esse acontecimento minúsculo ocorria num movimento de grande amplitude da gestão da "saúde mental" por meio do controle dos modos de exercício. Não notaram que a preocupação do bem, que se dizia estar no princípio da luta contra os charlatães, tinha relação direta com a política do bem, a política que preside a definição normativa da saúde mental, e que esta conduz diretamente às leis policiais. O motivo disso é simples e conhecido desde

Freud:[26] o sujeito não quer necessariamente o próprio bem, de tal maneira que aquele que o Outro determina a seu respeito deve ser-lhe imposto, em nome de todos. Em pouquíssimos anos, essa lógica ganhou impulso de tal maneira que a imposição das normas de comportamento e pensamento ganhou o espaço privado em nome da generalização de uma espécie de princípio de precaução da saúde mental. A busca precoce pela periculosidade potencial na primeira infância se liga antecipadamente à eliminação do criminoso "particularmente perigoso", que já pode ser isolado num centro de detenção "médico-sócio-judiciário". E, como a característica do louco é não saber que o é, exige-se aos brados que seja legalizada a possibilidade de obrigar aqueles que recusem ou deixem de atender às prescrições a submeter-se a tratamentos. Quando o apelo aos cuidados de saúde não é suficiente, a criminalização se torna então um elemento intrínseco das políticas sanitárias de segurança.

Ao mesmo tempo, a lógica gerencial se impôs no campo hospitalar e associativo, difundindo o enquadramento, a avaliação e o controle das práticas — lógica suspeita por definição, já que elaborada por outros que não os próprios praticantes, em função de critérios de gestão financeira aplicada às empresas. Cabe lembrar aqui, pensando nos ingênuos que quiseram convencer-se de que se tratava apenas de regulamentar "o uso do título" de psicoterapeuta, que a lógica da avaliação dos produtos leva ao controle da própria prática. Ao focalizar, numa primeira etapa, os protocolos, as avaliações, em suma, a forma, rapidamente chegamos ao controle dos conteúdos. Foi assim que vimos progressivamente certas administrações decidirem quanto à orientação das técnicas. Um dos exemplos mais claros, recentemente, foi a preferência atribuída às TCC pelas associações de gestão do setor médico-social.

Garantias, controles, avaliações em nome da proteção dos "usuários" (a saúde de todos) cada vez mais põem em questão a própria independência das práticas profissionais e sua deontologia. Os psicoterapeutas habilitados, cujo lugar está previsto no vasto projeto de planejamento da saúde e segurança sanitária, serão, como os demais, progressivamente submetidos às normas gestionárias de funcionamento. É assim que o relatório Couty sobre a psiquiatria, entregue em janeiro de 2009 ao presidente da República, relaciona a série hierárquica dos profissionais sob a égide de uma espécie de prefeito sanitário, o diretor da Agência Regional de Saúde. No seu contexto, as prescrições serão enquadradas e hierarquizadas em função do custo e da duração. Já vimos em outros países (Estados Unidos, Alemanha) quanto, no jogo dos reembolsos e das certificações seletivas, o exercício dos psicanalistas foi cerceado e limitado.

Esse quadro permite entrever a que ponto o caso da regulamentação das psicoterapias, longe de reduzir-se a apenas um evento causado pelo *lobbying* de uma corporação, inscreve-se num amplo conjunto estruturado. Deduz-se daí que, *desse ponto de vista*, psicoterapias e psicanálise são tomadas no mesmo discurso, aquele que faz da psicologia o agente de uma governamentalidade nova, não cega, e sim, mais precisamente, enquadrada e avaliada.[27]

As montanhas de protocolos a serem preenchidos, de procedimentos a serem observados, de "fichas de qualidade" a serem atendidas, de auditorias a sofrer são o cotidiano dos hospitais e das instituições, interferindo diretamente na liberdade de prescrição e, portanto, na própria clínica. É auspicioso que tenha havido psicanalistas na dianteira da denúncia desse vasto movimento. A esse respeito, as denúncias de J.-A. Miller foram bem-vindas, contribuindo para estabelecer as dimensões históricas e políticas de um debate até então confinado às suas dimensões "técnicas".[28] Infelizmente, essa justa denúncia foi posta a serviço de uma tática política conjunta com as associações de psicoterapeutas, em nome da mesma luta contra a máquina burocrática. Ora, se os psicoterapeutas e os psicanalistas podiam perfilar-se sob uma mesma bandeira de luta contra a opressão da lógica burocrática, pelo mesmo motivo poderiam fazê-lo todos aqueles que são suas vítimas há tanto tempo. Em primeiro lugar, todos aqueles que, na empresa, já tiveram de submeter-se ao novo *gerenciamento neofordista*; depois, aqueles que veem ser aplicada a lógica da governança empresarial no serviço público; por fim, aqueles que, na cultura, são convidados a fazer sacrifícios ao deus da concorrência, escolhendo seu hospital, sua escola ou sua colocação em função das regras de avaliação competitiva. Quanto a isso, também poderia desfilar sob o mesmo slogan o imenso cortejo dos que se empenham em sustentar a ética de uma profissão.

Isso é verdade. Mas se ficarmos nesse ponto diluiremos a questão, perdendo de vista precisamente a responsabilidade e o combate específicos dos psicanalistas nesse contexto. Cabe-nos, portanto, precisar. Se é verdade, como afirmamos, que o emprego da psicologia como forma de discurso universitário é um elemento de dominação do discurso capitalista contemporâneo, se ela participa assim da nova gestão neoliberal, também é fato que a psicanálise faz objeção a isso. E o faz por motivos específicos, ligados ao seu discurso, e só ela o faz nesse sentido. Para demonstrá-lo, basta ler o recente relatório "A saúde mental, uma questão de todos", já citado, para bem avaliar o fato de que essas políticas são profundamente coerentes com as práticas e doutrinas psicológicas do "desenvolvimento pessoal" e da "cognição". Existe um saber do bem-estar, da boa saúde mental, que deve ser ensinado aos indivíduos, ignorantes do seu próprio bem.

A psicanálise, de sua parte, situa-se no sentido inverso desse discurso.[29]

Notas

1. Sigmund Freud, *La question de l'analyse profane* (1926), Paris, Gallimard, 1985, p. 27.
2. Expressões propostas por Lacan no seu seminário *L'éthique de la psychanalyse*, Paris, Seuil, 1986.
3. Não nos referimos aqui a um novo discurso, mas a uma forma do discurso universitário, cujo saber referencial é a psicologia. Cabe esclarecer, da mesma maneira, que quando Lacan fala do "discurso da ciência" tem em mente os efeitos — maciços — produzidos pelo modo de racionalidade científico ("a ciência") nos sujeitos falantes nele apanhados. É fundamental efetuar essa distinção.

4. Em "La science et la vérité" [A ciência e a verdade], *Écrits, op. cit.*, p. 859. Canguilhem sustenta essa posição ao longo de toda a sua obra, expondo-a com brilhantismo no seu célebre artigo *Qu'est-ce que la psychologie?* [O que é a psicologia?], publicado no número 1 dos *Cahiers pour l'analyse* [Cadernos de análise] e reproduzido numa coletânea de artigos; Canguilhem, *Études d'histoire de La philosophie des sciences* [Estudos de História e de Filosofia das Ciências]. Georges Canguilhem, Paris, Vrin, 1983.
5. Ou seja, uma nova maneira de governar, não pelo modo da soberania vertical e hierárquica, mas por uma gestão horizontal das subjetividades. M. Foucault, *Sécurité, territoire, population* [Segurança, Penalidade e Prisão], Paris, Gallimard-Seuil, 2004.
6. Terapias cognitivo-comportamentais.
7. Fala-se de vários milhares de psicólogos empregados nos consultórios de aconselhamento ou ajuda gerencial nas empresas. Essa tendência foi recentemente ampliada a título de resposta à onda de suicídios ocorrida na France-Telecom. Na edição de dezembro de 2009, a revista *Psychologies Magazine* propõe "o primeiro índice de Felicidade Interna Bruta" [*sic*], elaborado por três psiquiatras de orientações diversas (behaviorista, psicanalítica e psicométrica). O recente relatório oficial sobre "a saúde mental" (ver mais adiante) mostra que não há propriamente motivo para alegria.
8. Cabe lembrar que certos departamentos universitários conferem diplomas "de psicanálise".
9. Seu impacto foi direto nas negociações com os ministérios a respeito das garantias universitárias necessárias para as formações dos psicoterapeutas.
10. Jacques Lacan, *L'envers de la psychanalyse* [O avesso da psicanálise], Seuil, 1998.
11. Para demonstrar o rigor da lógica discursiva lacaniana, teria sido necessário entrar nos detalhes da escrita das cartas e dos lugares, ressaltando suas implicações precisas. Os limites deste trabalho não o permitiam.

12. Intervenção depois da conferência de Michel Foucault "Qu'est-ce qu'un auteur?" [O que é um autor?], na Société Française de Philosophie, a 22 de fevereiro de 1969, *Littoral* n° 9, Toulouse, Érès, junho de 1983, e *Dits et écrits* [Ditos e escritos], t. I, Paris, Gallimard, 1994, p. 820.
13. O que fica evidenciado, entre muitos outros, na seguinte formulação: "Dois séculos depois desse resvalar, que podemos chamar de calvinista, a castração finalmente fez sua entrada repentina sob a forma do discurso analítico", Jacques Lacan, *Le savoir du psychanalyste* [O saber do psicanalista], 6 de janeiro de 1972, inédito.
14. Jacques Lacan, "Discours à Milan, 12 mai 1972" [Conferência de Milão], in *Lacan in Italia, 1953-78*, Milão, 1978, p. 48.
15. Idem, *L'envers de la psychanalyse, op. cit.*, p. 34.
16. Michel Foucault, "Il faut défendre la société" [É preciso defender a sociedade], Paris, Gallimard-Seuil, 1997.
17. Idem, *Dits et Écrits* II, *op. cit.*, p. 944.
18. Conceito por ele desenvolvido, particularmente, no curso *Le pouvoir psychiatrique* [O poder psiquiátrico], Paris, Gallimard-Seuil, 2003. Cabe notar que a referida "função" arregimenta, de forma eventual, diversas teorias independentemente do seu suposto estatuto científico (psicologias, neurociências etc.). Observemos que o conceito lacaniano de "discurso da ciência" não tem equivalência em Foucault.
19. O discurso jurídico permite demonstração simples, com seus códigos, sua definição rigorosa dos fatos jurídicos, suas modalidades precisas de imputação do sujeito de direito. Existe uma produção específica da verdade, um regime de veridicção jurídica.
20. Num vocabulário lacaniano, situaríamos esse registro na ordem do discurso universitário, com sua lógica imperiosa do comando do saber.
21. O termo "sujeito" constitui um problema, naturalmente, na aproximação que efetuamos entre Foucault e Lacan. Em Foucault, "sujeito" é essencialmente tomado na sua acepção de sujeitado, sendo a forma "sujeito" por excelência, assim, a forma

da governamentalidade. Tomado no discurso, normatizado pelas disciplinas, deduzindo-se dos saberes, o sujeito foucaultiano é uma produção, antes de ser situado sob a bandeira do ideal da produção de si mesmo que viria a ter nos últimos seminários (Michel Foucault, *Le courage de la vérité* [A coragem da verdade], Paris, Gallimard, 2009). Para Lacan, o sujeito não é nada disso, ele é sem qualidades, efeito da tomada do corpo na linguagem, e se identifica a um corte, ele é sujeito dividido. De modo que o que é dito por Foucault dos "sujeitos" ou dos "modos de subjetivação" deve quase sempre ser situado como efeitos de subjetividade, a serem alinhados com Lacan na esfera do eu.

22. Pierre Dardot, Christian Laval, *La nouvelle raison du monde* [A nova razão do mundo], Paris, La Découverte, 2009.
23. *La santé mentale, l'affaire de tous. Pour une approche cohérente de la qualité de la vie* [Saúde mental, questão de todos. Por uma abordagem coerente da qualidade de vida]. Relatório entregue à Sra. N. Kosciusko-Morizet. Cabe frisar a qualidade do destinatário: é de fato como elemento-chave da prospecção econômica que a saúde mental é pensada.
24. Assinalemos, por exemplo, o "Pacto europeu pela saúde mental e o bem-estar", Presidência da UE, 2008. É digno de nota que, no conjunto do relatório, a única referência à psicanálise seja a que indica sua desconfiança em relação ao conceito de "saúde mental positiva". Aceitemos a homenagem. E apostemos que, de fato, a resistência "da França" a essa nova racionalidade da felicidade se deva, em grande medida, à influência da psicanálise.
25. É notável que a ideia de uma regulamentação das práticas ditas psicoterapêuticas só tenha preocupado muitos analistas na medida em que temiam ver-se eles próprios submetidos a ela. A hipótese do controle dos "charlatões" da psicoterapia tendia a ser consensual, e alguns não hesitaram em falar da "justificada preocupação do legislador". Onde a paixão do bem não vai parar!
26. E precisado por Lacan, *L'éthique de la psychanalyse*, op. cit.
27. P. Dardot, C. Laval, *La nouvelle raison du monde*, op. cit., p. 402 s.

28. Mais que o trabalho *Voulez-vous être evalué?* [Você quer ser avaliado?], Grasset, 2004, escrito por Jacques-Alain Miller com Jean-Claude Milner, interessa-nos, deste último, a densa crítica exposta no seu livro *La politique des choses* [A política das coisas], Paris, Navarin éditeur, 2005.
29. Lacan, *L'envers de la psychanalyse, op. cit.*, e *L'éthique de La psychanalyse, op. cit.*

5. Entre ciência e mercado

A psicanálise, como já dissemos, não pode ser situada fora do seu tempo. Ela não poderia ter nascido num outro momento do desenvolvimento da ciência. Entretanto não se inscreveu na sua filiação direta. Logo ficou evidente que ela devia ocupar uma posição original em relação à cultura do século XX. Que lugar poderia ter entre a invasão da produção técnica nascida dos progressos científicos e o consequente desenvolvimento das trocas mercantis?

Os analistas mostraram diferentes graus de sensibilidade a esse duplo aspecto do mundo moderno e responderam à questão de maneira às vezes contraditória. Sem reconstituir todos os meandros, vamos ater-nos aqui às posições de Freud e Lacan.

Freud e a ciência

Freud foi o primeiro a assumir uma posição clara em relação à ciência como mercado. Inicialmente, o fez se situando decididamente no espírito do Iluminismo, ao pautar-se na referência científica do discurso médico em nome de sua própria experiência de pesquisador, e em nada cedendo na exigência de racionalidade colocada no princípio da psicanálise. As críticas que formulou em relação à medicina no seu próprio terreno — o campo da psicopatologia — nunca foram feitas em nome do inefável, do inexplicável, mas da exigência de outra razão, aquela mesma que ele se empenhava em construir. O Freud médico racionalista fez valer uma nova razão, que, no entanto, declarava científica. Esse vínculo assumido com a ciência do seu tempo foi exposto inicialmente na condição de uma ética, de uma busca da verdade, mas ele o pôs em prática na própria modelização das suas construções teóricas: desse ponto de vista, sua referência era antes de tudo biológica e energética, o que é possível de constatar-se desde o *Projeto para uma psicologia científica* [o sublinhado é nosso] até suas construções tópicas do aparelho psíquico.

Freud iniciou sua prática com o "arsenal terapêutico" da época: a eletroterapia, depois a hipnose. Logo ele reconheceu que os fundamentos teóricos daquela "não tinham mais relação com a realidade do que, por exemplo, um livro de oniromancia egípcio".[1] Além disso, por trás da aparência científica do tratamento elétrico transparecia uma forte sugestão médica. A hipnose parecia considerar com mais justeza o lugar do sujeito, embora fosse considerada "uma perigosa charlatanice" pelos professores de psiquiatria. Freud recorreu então a Charcot em Paris, Bernheim e Liebault em Nancy, fazendo da hipnose seu "principal instrumento de trabalho". Mas já efetuava certa evolução na técnica hipnótica. Usava-a menos na sua vertente sugestiva do que para "explorar a história da gênese do sintoma". A psicanálise se revelava sob a hipnose, cada vez mais próxima da intimidade do paciente.

Essa busca pelo sujeito logo afastaria Freud definitivamente da hipnose — enquanto atualmente vemos essa prática terapêutica assumida por pessoas que foram psicanalistas. A direção freudiana foi mais certa que a deles e orientada pelo que ele reconhecia como um "determinismo psíquico", que soubera ler nos ditos dos seus pacientes e sobre o qual baseava a esperança de estabelecer sua invenção na ordem científica.[2]

Freud nunca perdeu a convicção de que a psicanálise devia, como a física, desembocar numa verdade universal graças a um método rigoroso. "A contribuição para a ciência consiste precisamente na extensão da investigação ao terreno psíquico. Sem tal psicologia, é verdade que a ciência seria muito incompleta", escrevia em 1933.[3] Para ele, não restava dúvida de que o espírito humano devia ser objeto da investigação científica e de que, neste sentido, a psicanálise devia ser reconhecida como um ramo da ciência. Num adendo, em 1925, à apresentação de si mesmo, Freud escreve que "sempre considerou uma grosseira injustiça o fato de que não se pudesse tratar a psicanálise como qualquer outra ciência da natureza".[4]

Tornar equivalente o estudo do inconsciente ao da investigação botânica não era um desafio? O sujeito do inconsciente não se oferece à observação imediata, e a flor não tenta enganar o botânico. Isso, Freud não podia ignorar, mas ele nunca abriu mão desse ideal. Sustentava que era necessário dar tempo para que os conceitos analíticos eclodissem na ciência.

Pensadores científicos reagiram à impertinência freudiana, tentando provar o caráter não científico da psicanálise. A demonstração mais relevante é certamente a de Karl Popper.[5] Seus dois principais argumentos eram de que a experiência científica precisava ser repetida para ser válida e precisava ser verificável. Nenhuma dessas duas condições, na verdade, valia no caso da psicanálise, pois nenhuma análise é comparável à outra. Por fim, outro caráter científico decididamente lhe escapava: a transmissibilidade sem perda. Mas os critérios de Popper diziam respeito apenas às ciências duras.* Em outros contextos, o elemento perturbador do sujeito ressurgia exatamente onde se julgava tê-lo expulsado.

A posição do próprio Freud podia, às vezes, refletir essa ambiguidade. Sua reivindicação de cientificidade não o poupava de questionar-se e de assumir posições contraditórias em relação à telepatia. Com efeito, se os fenômenos recobertos pela transmissão dos pensamentos pudessem ser comprovados, seria questionado o determinismo científico ao qual Freud vinculava a teoria da sua invenção. Foram árduos os debates entre ele e Ferenczi a esse respeito.[6] Freud tentava minimizar o que lhe parecia contrário à sua

---

* No campo filosófico não há consenso sobre um conceito definitivo de ciência. Há debate e divergência quanto às classificações e nomenclaturas, por exemplo. No âmbito epistemológico, encontramos as seguintes distinções, dentre outras: ciências exatas e inexatas; ciências empíricas e formais e ciências naturais e sociais; ciências puras e aplicadas; ciências duras e moles etc. [N. E.]

ambição científica, ao passo que certamente teria sido o caso de tomá-lo como um sinal de que a psicanálise não podia ambicionar uma pureza radical.

Não se trata tanto, contudo, das elaborações e contradições do seu inventor, e sim do próprio movimento da psicanálise, discurso em tensão, como qualquer discurso. É exatamente essa tensão que permite apreender mais de perto o seu objeto. E é justamente a invenção da psicanálise que permite trazer à tona essa característica dos discursos humanos, embora a crítica do capitalismo por Marx pudesse ter antecipado a sua revelação. Entretanto, para que essa conexão se tornasse sensível a cada um, foi necessário o longo processo do pensamento analítico impulsionado por Jacques Lacan.

O trilhamento de Lacan

Quando Lacan, na sua primeira contribuição a um congresso de psicanálise,[7] tentou apresentar um modelo ótico — o "estádio do espelho" — para explicar a criação e o devir da instância do "eu", não foi compreendido. No entanto, essa fora a sua maneira de tentar conferir um status científico a um conceito psicanalítico.

Esse insucesso não o desanimou por muito tempo no seu processo de perseguição do ideal freudiano. Desse modo ele introduziu na reflexão analítica elementos de outras disciplinas que pudessem esclarecer determinados pontos, como a teoria dos jogos e as ciências conjecturais. Lacan esperava com essa aproximação obter meios de elucidar os conceitos psicanalíticos e contribuir para uma transmissão que poupasse a psicanálise do duplo tropeço do esoterismo e da filosofia fácil.

De maneira quase contemporânea à invenção de Freud, a linguística foi elaborada por iniciativa de Ferdinand de Saussure.[8] A disciplina inaugurava a possibilidade de certa formalização científica nas ciências humanas. E como a psicanálise é ela própria questão de linguagem, Lacan foi buscar na linguística uma série de elementos que, como o estádio do espelho, foram progressivamente adotados até mesmo por aqueles que os haviam criticado.[9] Esses elementos permitiram ao psicanalista francês estabelecer fórmulas que validavam a articulação lógica de conceitos freudianos como os de fantasma e pulsão. E, sobretudo, tais avanços o levariam a formular sua tese na qual o inconsciente é estruturado como uma linguagem.

Lacan pôde percorrer então parte do caminho com Claude Lévi-Strauss, que, por sua vez, aplicava à antropologia o que havia extraído dos ensinamentos de Saussure.[10] Em *A antropologia estrutural*, Lévi-Strauss via na eficácia simbólica do xamã uma proximidade com a do psicanalista. No entanto, Lacan e Lévi-Strauss se afastariam. No capítulo intitulado "A eficácia simbólica", Lévi-Strauss fornecia alguns elementos premonitórios, sustentando que no caso da psicanálise "trata-se de um mito individual que o doente constrói com a ajuda de elementos extraídos do seu passado", ao passo que no da cura xamânica "trata-se de um mito social que o doente recebe do exterior e que não corresponde a um estado pessoal antigo". Lévi-Strauss dava conta, assim, de uma irredutível diferença entre o objeto da psicanálise e o da antropologia, mas também de todas as disciplinas, terapêuticas ou não, que conferem destaque ao indivíduo social. Desse modo, o desentendimento entre Lacan e Lévi-Strauss expressava menos um desacordo pessoal que o lugar do sujeito em suas respectivas disciplinas. Essa questão do indivíduo social e do sujeito representa hoje uma linha divisória entre psicoterapeutas e psicanalistas, mas também entre certos analistas. O sujeito, tal como definido pela psicanálise, pressupõe o inconsciente e, portanto, sua divisão. Ele parece escapar à antropologia, à sociologia e mesmo à psicologia. Livres dessa presença embaraçante, essas disciplinas serão mais capazes de servir aos "bens", ou seja, à economia e ao poder. Canguilhem, no seu artigo sobre a psicologia, concluía, como mencionamos no capítulo anterior, que ela teria encontrado como meio de sobrevivência "se dirigir ao Panthéon ou à delegacia de polícia".[11]

Para dizer a verdade, os esforços tanto de Freud quanto de Lacan para estabelecer uma conexão entre o pensamento científico e a psicanálise se defrontaram com um hiato fundamental. Ele poderia ser dito assim: se aquele propõe um sujeito transparente a si mesmo, com poder para apreciar claramente seus objetos e decidir sobre seus objetivos, o mesmo não acontece com esta. Com efeito, a descoberta freudiana fundamental postula um sujeito habitado por um saber que lhe escapa — o inconsciente — e movido por um desejo cujos objetos lhe são desconhecidos. Em outras palavras: aquilo que poderia garantir seu gozo não pode ser apreendido por seu saber. Acontece que é nesse saber desconhecido que residiria a verdade do sujeito. A busca de Lacan para tentar responder ao ideal de cientificidade de Freud foi longa: só em 1977 ele vai enunciar que a psicanálise não é uma ciência. Chegou, inclusive, a acrescentar: "Ela não tem seu estatuto de ciência e não pode senão aguardá-lo, esperá-lo."[12] Ele sustentava essa afirmação categórica na antinomia acima descrita entre o espírito da psicanálise e o pensamento científico.

É inegável, no entanto, que, sem o desenvolvimento do pensamento científico, Freud não teria sido capaz de fazer emergir esse determinismo particular que caracteriza o psiquismo. E Lacan mostrou que, sem o passo do *cogito* cartesiano, a psicanálise não poderia ter sido inventada. Por mais antinômicas que sejam, existe entre a ciência e a psicanálise uma relação lógica. Foi isso que levou Lacan a buscar na topologia essa "lógica mole" que, sem chegar a identificar ciência e psicanálise, permite a esta valer-se dos instrumentos daquela para libertá-la das ilusões da pura observação clínica. Por sinal, essa conduta lacaniana é uma constante. Diria ele em 1969: "Vali-me de Saussure apenas como nos apropriamos de um instrumento, de um aparelho, para utilização com fins muito diferentes dos seus"...[13]

Encontro de Freud com a lógica mercantil

Como vimos, Freud descobriu o capitalismo moderno na sua viagem aos Estados Unidos em 1909. Além da falta de cultura e de rigor científico,[14] ele então denunciou vários fatores sociais e econômicos pouco compatíveis com uma prática rigorosa da psicanálise. Tais fatores se resumiam a duas condições próprias da economia de mercado: a primeira seria o ideal de conforto econômico e a segunda teria a ver com a velocidade, outra característica inerente à *American Prosperity*. Notável nas trocas econômicas, o tempo acelerado toma conta de todos os comportamentos. Todo objetivo definido deve ser alcançado sem muita espera. O que é obtido com isso deve ser sempre um resultado prático, de bens como de relações. É por esse padrão que toda ação deve ser avaliada.

Duplo obstáculo para a psicanálise, essa exigência de rapidez e sua avaliação. Um objetivo estabelecido no início de um tratamento tem toda probabilidade de referir-se apenas a uma forma neurótica do ideal do paciente e remete à competição organizada pela sociedade capitalista entre seus membros. Numa carta a Arnold Zweig, Freud frisou que "uma análise é um lento processo" (13 de junho de 1935), o que dificilmente seria compatível com uma cultura na qual o objetivo, uma vez definido, deve ser alcançado o mais rápido possível. Esse frenesi é coerente com a maneira como se organiza o laço social da sociedade liberal. Nesse contexto, a pessoa que se dirige a um "terapeuta" apresenta um obstáculo na sua vida, um incômodo ou uma repetição cujo desaparecimento o mais rápido possível vem solicitar.

Desde a origem da psicanálise, discípulos de Freud julgaram possível atender a esse tipo de demanda. A experiência mostra que tiveram de sair do contexto da análise, apesar das advertências freudianas. Aquilo que ele viria a chamar de "o caso Rank" é o exemplo prototípico. Esse trabalhador esforçado, durante muito tempo protegido por Freud, produziu em 1924 um trabalho, *O traumatismo de nascimento*, que reduzia a esse acontecimento o essencial dos conflitos internos de um indivíduo. A separação da vida intrauterina, que todos gostariam de reencontrar, representava a grande perturbação. Era o acontecimento real do qual cabia ajudar o paciente a aproximar-se e depois a desvincular-se pela renúncia ao gozo fetal. Podia-se, assim, dispensar a análise da função paterna ou da função do fantasma e autorizar uma remissão rápida, com readaptação social harmoniosa. Concedamos a Rank o benefício da dúvida. Sua iniciativa era orientada apenas pela paixão da cura e não pela sedução da *American Prosperity*. Mas o fato é que seu projeto era coerente com a *prosperity* e com a velocidade.

Essa sociedade é atualmente a nossa, com alguns aperfeiçoamentos que a tornam ainda mais exigente e voltada para o desempenho. A rapidez da informação favorece a realização de trocas econômicas puramente virtuais, e a renovação desenfreada dos produtos de consumo tenta promover a eliminação de qualquer noção de falta, mediante uma substituição sistemática de tudo que pudesse simplesmente figurá-la. Entretanto a permanência da neurose indica que sua função inconsciente está inalterada, embora suas formas possam ser tão diferentes que certos praticantes da psicanálise, como vimos, dispõem-se a colaborar, entregando ao consumismo aqueles que tentam escapar dele. Lacan, contudo, encorajou os que o seguiram a não cruzar os braços diante dos que agiam assim, argumentando que "a perspectiva de um acesso aos bens da terra [era] também uma maneira de chegar ao psicanalista e apresentar sua demanda".[15] Nesse sentido, nem o *golden boy* nem o "sujeito da civilização científica" devem ser excluídos da prática analítica, como tampouco o proletário — pois Freud não estimulava a prática de sessões gratuitas? Depende da responsabilidade e do tato de cada analista que a contribuição solicitada tenha um sentido em relação aos recursos do analisante, mas, sobretudo, à sua posição subjetiva quanto ao ato de dar. Aqueles que se pretendem psicanalistas embarcaram eles próprios nessa corrida aos bens, e não será oferecendo sacrifícios no altar da prosperidade que se mostrarão fiéis à ética que deveriam adotar. O que será sacrificado, então, será a psicanálise, seja por cederem à tentação cultural de agir depressa, seja por visarem seu próprio conforto, seja ainda por terem como preocupação primordial "curar". Em qualquer dos casos, eles terão algumas chances de alcançar um ideal social que será muito eficaz no sentido de levá-los a esquecer a psicanálise, ao mesmo tempo que julgam defendê-la. O que nos leva a refletir mais uma vez sobre os vínculos que unem a análise à sociedade na qual está mergulhada. É a essa questão que a teoria dos discursos tenta fornecer uma resposta.

Lacan com Marx

Lacan foi o primeiro a perceber que havia certa estrutura comum entre o que ele havia formalizado da descoberta freudiana e as propostas de Marx. Este soube reconhecer a própria mola propulsora do capitalismo com destreza: uma parte não contabilizada da força de trabalho do proletário era desviada em proveito do capital.[16] Freud havia descoberto, através da sua prática, que o que representava um gozo negado pelo sujeito era rejeitado no inconsciente. Era o impulsionador do recalque. E, assim como a mais-valia do capital, esse desconhecido não ficava inoperante; participava da formação do sintoma. Na mais-valia, como no recalque, há disjunção de parte do gozo, seja por efeito do capitalismo ou do recalque. Só em 1968, Lacan estabeleceria correspondência entre a mais-valia e o que ele chamou de "mais-de-gozar", tratando-se nos dois casos de um ponto de encobrimento. Foi graças à elaboração gradual do discurso do analista que Lacan entrou pela via na qual descobriria Marx.

Na década de 1960, ele imaginara a hipótese de um curioso objeto que tomou o lugar do objeto perdido de sempre, o qual, segundo Freud, provocava a corrida infindável do desejo. Lacan escreveu *a*, esse objeto inédito e sem consistência que se inscrevia no limite do que pode ser dito sobre o gozo do corpo. Isso permitiu que se escrevesse, ao mesmo tempo, o limite do simbólico e o real que estava para além. A teoria dos discursos permitia mostrar de que maneira esse objeto *a* tinha seu lugar em cada um dos discursos. No discurso do mestre, o objeto *a* era produzido pelo trabalhador. Aqui, Lacan ia ao encontro de Marx, que havia denunciado, com o conceito de mais-valia, o desvio do gozo escondido pelo capitalismo. Desse modo, o psicanalista francês mostrou que o hiato revelado por Marx era generalizável. Assim como o capitalismo, nenhum discurso escaparia de ter de regulamentar a questão do gozo à sua maneira particular, revelando-se impotente para articular sua produção em termos de verdade.

Retorno aos discursos

A relação de Lacan com a ciência e com o mercado foi de alcance e de natureza muito distintos em comparação à de Freud. De alcance muito distinto porque até o fim lhes dedicou um tempo e um lugar decisivos na sua doutrina; de natureza muito distinta porque se empenhou em situar estruturalmente o discurso analítico frente ao que chamou de discurso da ciência e discurso do capitalista. Há, em Lacan, uma teoria da ciência e uma teoria do capitalismo, o que evidentemente não acontece em Freud. Mais ainda, há uma teoria dos discursos de um e de outro. Se a relação com as ciências e as elaborações lógicas mais recentes mostram um Lacan obcecado com a exigência de rigor que deseja conferir à psicanálise, sua intenção como psicanalista é também mostrar os efeitos subjetivos, os efeitos sobre o laço social daquilo que denomina "discurso da ciência". Da mesma forma, o crédito que atribui a Marx por ele ter revelado o segredo do capital quando conferiu o seu estatuto à mais-valia não o impede de dar a sua própria versão do tipo de laço social produzido pela lógica capitalista. Disso ressalta uma tensão renovada do discurso analítico com os outros.

Lacan se separa do modelo da dialética mestre/escravo, tomado de empréstimo de Hegel, quando propõe um mestre que não quer saber nada, encurralado entre o escravo filósofo que tenta ensinar-lhe algo e a histérica que lhe pergunta no que ela poderia ser preciosa para o seu gozo.
    Essa apresentação sucinta resume o estado primordial das relações entre os três primeiros discursos, tais como

elaborados por Lacan a partir do seminário *De um Outro ao outro*, em 1967-1968. Por mais obstinado que seja, o mestre acaba sendo contaminado pelos vizinhos, por mais contraditórias que sejam suas mensagens.

A universidade sucedeu ao escravo filósofo, mas não cessou de produzir um saber para o mestre, até que se transformasse num saber de mestre, que despojava o proletário do que era seu. A histérica, por sua vez, infundiu-lhe que a essência do saber era sexual, ao mesmo tempo despertando uma aparente atenção no mestre — uma relação com o saber que Freud foi o primeiro a apreender, na verdade.

Um esclarecimento: nós utilizamos o verbo *infundir* para caracterizar a maneira como a histérica transmitiu um pouco do gosto do saber ao mestre, pois Lacan privilegiava esse modo de contaminação da cultura, em vez da mensagem direta. É dessa mesma maneira que o mestre recebe o "ensinamento" da universidade, antes por impregnação progressiva do que por verdadeira compreensão. Foi assim que ocorreu com o discurso capitalista, inaugurando um laço novo.

Ao jogar com o medo que cada um pode sentir da falta, o mercado despeja aquilo que possa levar todos a esquecerem que essa falta, inerente ao ser falante, não pode ser preenchida por nenhum dos produtos oferecidos à cobiça do consumidor. Da falta interior, própria de cada sujeito, na qual Freud reconheceu o "objeto perdido", produto da primeira separação vital, o mercado faz um metonímico argumento de venda. O *gadget* do comércio se apresenta, sem dizê-lo, como suficiente para preencher um vazio originário, valendo-se do mesmo impulso que uma "paixão fulminante". Chegamos aqui ao que outrora foi chamado de "sexualização do mercado", na qual transparece a influência do discurso da histérica.

É assim que determinados comportamentos parecem dependentes das incitações implicadas na dominação do mercado. A anoréxica faz greve de consumo, disse Lacan. No extremo oposto do mesmo gradiente, o comprador compulsivo obedece ao comando superegoico do discurso dominante. Esses dois exemplos mostram que é graças à estrutura subjetiva, organizada pela linguagem, que o discurso do mercado pode montar sua burla. Mas os consumidores não se deixam enganar por muito tempo. O jogo do mercado consiste, então, em lhes propor, segundo a lógica metonímica tomada de empréstimo da estrutura do desejo, outro falso objeto que resolverá o caso por algum tempo. Fora de qualquer necessidade, sobretudo aquém de todo desejo, a obsolescência dos objetos comerciais precipita a renovação acelerada que incita a economia.

Quanto ao discurso da ciência, a psicanálise não o ignora, mas restabelece o sujeito ao seu lugar. Assim é que, por um lado, ela faz objeção ao discurso do capitalista, permitindo ao sujeito que recuse os engodos que este lhe apresenta; por outro, a análise devolve ao sujeito a função que lhe foi subtraída pelo discurso da ciência. O menor relato de sonho, o mais delicado amor, o mais persistente ódio por tanto tempo escondido permitirão abordar aquilo a que o sujeito se recusava para preservar o que ilusoriamente considerava mais precioso.

A psicanálise nasceu dessa ciência que ofereceu um saber ao mestre. Ela não pode esquecer que foi pela escuta da histérica que aprendeu que a divisão do sujeito e seu efeito de sintoma podiam conduzir a dança que se chama neurose. Ela descobriu, ao mesmo tempo, que os discursos não estão fechados nas suas razões, que podem girar. A passagem, que podemos considerar experimental, do discurso da histérica ao do analista no tratamento é indubitável testemunho disso. Essa passagem atesta, simultaneamente, o sincronismo dos discursos e a sua necessária confrontação, que implica transformações na passagem de um a outro. É assim que Lacan presume que é menos por transmissão que as mensagens passam de um a outro do que por esse tipo de contaminação.

Os quatro discursos obedecem às leis da linguagem, de que são efeito. Nesse sentido, a rejeição dos símbolos, que parece caracterizar o nosso tempo, deve ser relativizada. Se essa época, mais do que qualquer outra, evidencia uma paixão pelo significado e pela imagem, os sonhos, os lapsos, os amores e outros atos falhos continuam a dar testemunho da presença do inconsciente. Embora frequentemente se mostrem horrorizados, nossos sujeitos contemporâneos continuam ocupados por seus inconscientes, que ainda têm estrutura de linguagem, o que deixa aberto o campo da psicanálise. A fala do analisante ainda se articula a partir de um discurso que não é o da psicanálise. Não devemos esquecer que, se Freud precisou liberar-se da influência médica, todavia foi a partir da prática médica que a psicanálise tomou impulso. O equívoco da origem nunca se desfez completamente, assumindo contornos de um semblante original. O vínculo com a medicina se revelou a ficção necessária para que a psicanálise pudesse ser aceita na ronda dos discursos e, com isso, os revelasse. Essa ficção sustenta amplamente o processo de organização de uma política entre a análise e as psicoterapias, cuja finalidade não declarada é de fato o silêncio definitivo da análise.

As psicoterapias não pretendem assumir o lugar dos laboratórios farmacêuticos, mas lhes dão auxílio, graças ao qual todo mundo deve estar em condições de ocupar um lugar na sociedade que é, antes de tudo, um posto de trabalho. O ideal seria que cada um fosse designado para um desses lugares, nele permanecesse e consumisse em função do que lhe permite a renda desse trabalho determinado. Todas as terapias têm essa finalidade, mas a psicanálise destoa. O restabelecimento do sentido do desejo inconsciente de um sujeito é o seu objetivo. Aquele que conseguiu saber um pouco do que o move tem liberdade de encaixar-se ou não no molde social.

Mais um esforcinho...

Já contaminada, sem sombra de dúvida, pelo discurso do mestre, por meio do discurso universitário, existe uma corrente de pensamento psicanalítico que confunde, como dissemos, o sujeito tal como definido pela psicanálise com o da sociologia. Essa corrente não estabelece a subjetividade no inconsciente, mas no enunciado oferecido pelo social, operação que anula a mensagem da psicanálise. Ela é exemplar de uma forma de transmissão que, a pretexto de facilitar a apreensão da psicanálise, na verdade a sacrifica, valendo-se de meios que lhe são incompatíveis e mesmo letais. Freud não se enganou a respeito quando sugeriu ironicamente a Rank que testasse suas hipóteses pela via da estatística. Certas empresas o entenderam perfeitamente bem, oferecendo "vales-psi", do mesmo modo que existem vales-refeição. Essa manobra implica, de sua parte, um cuidado terapêutico que visa pôr fim aos comportamentos que não estão de acordo com a "cultura da casa". Tratar de chamá-los à ordem é um comando de gozar que não passa da ordem de fazer.

Tratando o sintoma social sem uma visada mais além, são grandes as chances de favorecer que o paciente esqueça o seu desejo e talvez troque o seu sintoma por outro, mais secreto, embora não menos nocivo. Quanto aos psicanalistas que a isso se prestam, terão simplesmente tornado sua disciplina um pouco mais servil ao discurso dominante. No seu apetite por reconhecimento, esses praticantes muitas vezes são os primeiros órgãos de transmissão do descarte pela sociedade do risco analítico. Agem, em geral, contra a vontade, explicando a quem quiser ouvir que suas concessões à moda do momento e às incitações do poder visam permitir a sobrevivência da psicanálise.

Outros afirmam que a análise seria uma profissão, que a simples decisão faria um analista e que o diploma ofereceria garantia do Estado. Desse modo, a psicanálise poderia reduzir-se a uma técnica. O manejo da transferência, a dinâmica das pulsões, o reconhecimento das identificações ou da função do fantasma, todos esses dados do tratamento poderiam resolver-se através dessa técnica. Contudo, além do fato de que esses dados não são gerais e muito menos exatos, já que são próprios de cada sujeito, a relação atual das técnicas com a economia se opõe a essa maneira de ver. A submissão dos conhecimentos contemporâneos ao poder do dinheiro fica patente na necessidade de performance das técnicas derivadas desses conhecimentos. O investimento, próprio de toda técnica, deve produzir enriquecimento ou poder, no lugar da verdade. Se existe um investimento na psicanálise, ele não provém de nenhum poder do dinheiro derivado da economia social, mas da colocação de uma pessoa, e seu objetivo nada tem de mais-valia. O ganho esperado é medido pelo que essa pessoa terá em relação ao saber desconhecido dela mesma. Esse ganho só raramente se transforma em benefício capitalista. Essa articulação com um saber não contábil poderia chamar-se "prática".

Essa prática, que tem como regra principal a não orientação dos pensamentos, priva-se de toda "aplicação", como, por exemplo, o desaparecimento de um sintoma. Tampouco existem aplicações diretas dos conceitos ou possível comercialização. A expressão "crédito de pesquisa", resposta do capitalismo à incerteza da pesquisa, poderia encontrar um sentido correto na psicanálise, pois se trata menos de um crédito bancário do que da confiança concedida a um processo cujo resultado é alcançado sem ser buscado — e mesmo com a condição de que seja deixada de lado qualquer ideia de finalidade. O "contato" com o discurso dominante, contudo, ainda assim existe, no mínimo pelo uso da moeda como elemento de validação da sessão. Mas essa validação respeita o equívoco, alavanca do discurso da psicanálise, desde que se apresente em termos de "valor". Desse modo, para que ela preserve seu poder de alavancagem, seria necessário proscrever da prática toda tarifa, tão tranquilizadora para o analista e para o paciente; pois ela, de modo algum, representa o sujeito, e sim as "necessidades" do analista, vale dizer, sua obediência ao sistema.

Quando Freud escrevia que a análise era "um lento processo", estava falando da experiência individual; entretanto essa opinião é igualmente válida para o avanço da própria disciplina. Assim como a ciência, ela precisa de tempo para obter sua elaboração. Dois obstáculos: o primeiro, já frisado, é o recurso a uma posição dogmática; o segundo, próprio da psicanálise, tem a ver com a dispersão dos seus resultados. Não faltam pesquisas e trabalhos pertinentes, mas tudo se passa como se cada um caminhasse às cegas. São raros os que se mantêm a par das propostas dos outros, inclusive por meios digitais. É como se uma resistência própria, diferente daquela que toda cultura sempre haverá de opor à hipótese do inconsciente, freasse o avanço da transmissão dos conhecimentos. A ciência, pelo contrário, tem meios de propor uma progressão coletiva diante dos "problemas" que coloca. Mas esse privilégio não seria justamente o corolário de sua exclusão do sujeito? Os poucos tropeços na progressão dos conhecimentos ocorridos no campo das ciências tinham a ver com a extrema novidade das propostas, que se chocavam com o discurso dominante (Galileu, Pasteur). Uma vez adotadas, contudo, essas descobertas semearam toda uma corrente da ciência. O campo particular da psicanálise não favorece esse tipo de transmissão, afora alguns iniciadores, como Freud, Melanie Klein e Lacan. Seus nomes serviriam, em seguida, a posições magistrais e à tendência a criar dogmas e a alimentar, assim, novas resistências à psicanálise. Como não servir ao mestre quando se está a serviço do seu discurso? Igualmente às técnicas que visam tornar o indivíduo operante, reduzindo o seu sintoma, esses grupos não caminham no sentido da subjetivação. O inconsciente é incômodo quando a preferência está no desempenho. Se for possível negligenciá-lo por algum tempo ou mesmo recusar as formações do inconsciente, pode-se esperar alguma irrupção intempestiva. Pois seja qual for a força de negação contida no discurso do poder em relação ao inconsciente, este resiste a toda erradicação. O sofrimento ante um ato falho, um lapso reiterado ou uma paixão irruptiva é tanto maior na medida em que o sujeito esteja preso numa cultura construída sobre essa negação. Esvai-se assim a autoridade daquele que decide, a inventividade do pesquisador ou o desempenho do desportista. Talvez eles queiram, sem sabê-lo, operar um recurso que não poderá deixar de ser uma reconciliação com o seu inconsciente, e então, ainda que voltem ao discurso alienante, sua posição sobre a causa de sua angústia terá mudado. Eles só poderão ser levados até aí por um parceiro que não será cúmplice dessa alienação, mas saberá algo sobre ela, por tê-la pessoalmente atravessado.

Assim, o analisante pode apoiar-se na sua própria divisão para afastar as ilusões do mercado, sem por isso retirar-se do convívio dos homens. Afinal, essa prática de um por um promete àquele que a ela se dedica uma relação muitas vezes mais aberta com a sociedade.

Notas

1. Sigmund Freud, *Sigmund Freud présenté par lui-même* [Freud por ele mesmo] (trad. Fernand Cambon), Paris, Gallimard, 1984, p. 29-30.
2. Sigmund Freud, *Psychopathologie de la vie quotidienne* [Psicopatologia da vida cotidiana] (trad. S. Jankelevitch), Paris, Petite Bibliothèque Payot, p. 257: "certos atos aparentemente não intencionais revelam-se, ao serem submetidos ao exame psicanalítico, perfeitamente motivados e determinados por razões que escapam à consciência". E esse livro acumula provas de que os lapsos, os atos falhos e outras formações psíquicas são consciente mas rigorosamente determinados. Assim, por exemplo, nas p. 275-276: "Creio que uma manifestação não intencional da minha própria atividade psíquica me revela algo de oculto, que por sua vez só pertence à minha vida psíquica. Acredito no acaso exterior (real), não acredito no acaso interior (psíquico)."
3. Sigmund Freud, *Nouvelles conférences d'introduction à la psychanalyse* (1993), Paris, Gallimard, 1984, p. 212-213.
4. *Ibid.*, p. 98.
5. Karl Popper, *Le réalisme et la science* [O realismo e a ciência] (trad. A. Boyer e D. Andler), Paris, Hermann, 1990, p. 180-192.
6. Cf. Michael Turnheim, "Freud le médium (notes sur l'affaire de la télépathie)" [Freud o médium (Notas sobre o caso da telepatia)], in *Psychanalyse*, n° 12, maio de 2008, Ramonville-Saint-Agne, Érès.
7. Jacques Lacan, *Écrits*, Paris, Seuil, 1966, p. 93-101. O texto da intervenção de 1936 só seria remanejado e publicado em 1949.
8. Ferdinand de Saussure, *Cours de linguistique générale* [Curso de linguística geral], publicado por Ch. Bally e A. Sechehaye, Paris, Payot, 1969.
9. Jacques Lacan, *Écrits, op. cit.*, "Fonction et champ de la parole et du langage en psychanalyse" [Função e campo da fala e da linguagem na psicanálise], p. 237-322.

10. Claude Lévi-Strauss, *Anthropolgie structurale*, "L'Éfficacité symbolique" [A eficácia simbólica], Paris, Plon, 1958, p. 220.
11. Jacques Lacan, *Écrits, op cit.*, p. 859. Cf. também nota 4 do capítulo 4 deste livro.
12. *Id.*, *L'insu que sait de l'une bévue s'aile a mourre*, seminário inédito, versão AFI, aula de 11 de janeiro de 1977.
13. *Id.*, *D'un Autre a l'autre* [De um Outro ao outro], aula de 18 de junho de 1969.
14. Sigmund Freud, *Sur l'histoire du mouvement analytique* [Sobre a história do movimento analítico] (trad. C. Heim), Paris, Gallimard, 1991, p. 59.
15. Jacques Lacan, *L'éthique de la psychanalyse*, Paris, Seuil, 1986, p. 258.
16. "Um sujeito é o que pode ser representado por um significante para outro significante, mas não seria algo calcado no fato de que, valor de troca (o sujeito de que se trata no que Marx decifra, a saber, a realidade econômica), o sujeito do valor de troca é representado junto... ao valor de uso? E é já nesta falha que se produz, que vem a cair o que se chama de mais-valia. Só essa perda conta já agora em nosso nível, já não idêntico a si mesmo, o sujeito, é bem verdade que não goza mais, mas perdeu-se algo que se chama o mais-de-gozar."

    Jacques Lacan, *D'un Autre a l'autre, op. cit.*, aula de 13 de novembro de 1968. Remetemos também a Karl Marx, *Le Capital*, livro I, Terceira seção, cap. VII, Paris, Garnier-Flammarion 1969, p. 151.

Epílogo circunstanciado

Dissemos e voltamos a dizer, para concluir, que a psicanálise é uma descoberta jovem. Quando Lacan disse que ela estava "em toda parte", mas que os psicanalistas estavam "em outro lugar", certamente tinha em mente a moda do momento e não se regozijava especialmente por isso. Hoje, a psicanálise não está mais em toda parte — gostaríamos inclusive que não estivesse em lugar nenhum —, mas os psicanalistas estariam em outro lugar, ou antes, como poderiam persistir a estar em outro lugar senão em todo lugar?

Não será revelado nenhum segredo ao observar que a diáspora psicanalítica não forma um conjunto, o que representa um sinal positivo, se levarmos em conta a necessária primazia da relação singular de cada psicanalista com a psicanálise, e não sua obediência institucional. Entretanto isso não deve significar ausência de fronteiras, sob pena de ver a psicanálise diluir-se, seja na medicina ou na psicologia, e mesmo numa sociologização culturalista, ou perder-se no continente matizado de cinza das psicoterapias. Um psicanalista deve, portanto, tomar cuidado para não ir rápido demais em socorro das ideologias atualmente dominantes. Tampouco deve ceder à sedução dos que lhe propõem voltar a "toda parte", desde que não estejam mais presentes para seus analisantes.

Assim, quanto às ideologias, a ideia de uma civilização sem recalque, a que dão crédito tais psicanalistas, parece-nos não só falsa como perigosa. O recalque não está ligado a esta ou àquela forma de organização social, mas ao fato de que os seres humanos são seres de linguagem. É a linguagem que proíbe àquele que dela se apodera incluir-se no dizer no momento em que diz.

Essa razão radical do recalque não se dissolverá nem mesmo quando as galinhas, graças à genética, tiverem dentes. O perigo de tal concepção é deixar a psicanálise sem objeto nem aposta. O que é verdadeiro, em compensação, é que as demandas endereçadas aos analistas mudaram, muitas vezes se aproximando atualmente de um objetivo a curto prazo, com erradicação do sintoma incapacitante, alívio da angústia ou da inibição e tendo mesmo um objetivo próximo ao do *coaching*. Em suma, haveria uma espécie de volta aos tempos heroicos da psicanálise, mas uma volta em espiral, não um reinício. Não cabe ao psicanalista recusar-se ao engajamento em tais bases, mas cuidar ainda mais atentamente do que Lacan chamava de "entrevistas preliminares". Freud já distinguia os preparativos de viagem da viagem propriamente dita: a distinção é mais atual do que nunca e exige do analista que não prefira o conforto da abdicação aos riscos do seu ato.

Quanto às solicitações, especialmente dos meios de comunicação, na medida em que a psicanálise não está vacinada contra a *"peoplelização"**, a questão é mais complexa. Que um(a) psicanalista participe de um debate na televisão sobre os chamados temas da sociedade, por que não, se for para lembrar que a lei nada pode sem a sua interpretação por um sujeito e que essa interpretação é sempre um risco, ou então para recusar a *expertise* psiquiátrica deste ou daquele que está nas manchetes do dia.

Ultrapassar esse limite equivaleria a transformar Samuel Beckett em Alain Finkielkraut. Só Lacan conseguiu abrir a janela televisiva no sentido contrário, transformando sua intervenção em performance, na acepção presente na arte contemporânea.

Mais delicado ainda é o estatuto da psicanálise na universidade. Mesmo após maio de 1968, não fora possível, senão na exceção representada por Paris VIII-Vincennes, obter o reconhecimento do significante "Psicanálise" como tal. Nesse ponto, o reconhecimento de um mestrado em psicanálise, sem participação estrangeira, constitui um passo que seria digno de festejar se não comportasse, insidiosamente, o risco de dar crédito à ideia de que bastaria à formação do psicanalista tal diploma, acompanhado de um pequeno desvio pelo tratamento psicanalítico...

Voltamos, assim, à questão nevrálgica da "formação do psicanalista", que preferimos chamar de "passagem do analisante à psicanalista". Esse problema faz parte da própria formação. Na comunidade psicanalítica mundial,

---

*Neologismo com a palavra people, em francês "pipolisation". Denomina a exploração midiática da vida privada das celebridades [N. E.]

quaisquer que sejam as referências epistemológicas, existe um consenso no sentido de que o psicanalista só pode advir a partir do seu tratamento. A esse respeito, a formulação transformada por Lacan num começo, "só um analista autoriza a si mesmo", está apenas extraindo as consequências desse consenso. Essa lógica impede quem quer que seja de roubar do analisante a incumbência de sua passagem a analista. Ela protege antecipadamente o futuro analista de uma submissão ao seu próprio psicanalista ou à associação da qual ele faça parte. Resumindo, "nomear alguém como analista, ninguém pode fazê-lo, e Freud não nomeou nenhum".[1]

De tais considerações resulta que a passagem do psicanalisante a psicanalista, por seu caráter inédito e singular que introduz uma nova configuração, distanciando-se de qualquer procedimento de diplomação e de avaliação quantificada, é, quaisquer que sejam os posicionamentos dos psicanalistas em relação ao passe, o lugar focal do seu vínculo intrínseco com a psicanálise.

Em 1926, a medicina foi instrumentalizada para deslocar a psicanálise da incumbência desse lugar sem o qual ela se anula. Em 2004, a psicologia é que foi convocada para renovar, nas condições do novo século, o atentado fracassado de 1926. Podemos ver por que motivo Lacan teve de distanciar-se de Lagache, que almejava ver a psicanálise englobada numa psicologia geral, sem ver que, sendo toda psicologia baseada no postulado de que o inconsciente é um erro cognitivo de julgamento, a psicanálise estava fadada, segundo esse axioma, a apagar-se diante da evangelização do real pela razão. Um ser humano sem sintoma, vale dizer, mortificado, eis a utopia que devastou o socialismo, e na qual o capitalismo ainda se sustenta.

Como orientar-se, então? Seria inútil, ainda que honroso, contentar-se com uma resistência. A ambição dos signatários deste livro é criar um espaço político no qual se torne possível debater não o lugar da psicanálise no espaço social, mas o lugar do espaço social na psicanálise, para que o impacto insurrecional da descoberta freudiana não apenas não se perca, mas seja revigorado à luz dos impasses e das questões que se perfilam nas civilizações declinantes ou emergentes que habitamos.

Nota

1. Jacques Lacan, "Préface à l'édition anglaise du *Séminaire XI*" (17 de maio de 1976), em *Autres écrits*, Paris, Seuil, 2001.

Anexo A — Manifesto pela psicanálise*

Muitas medidas tomadas pelo atual governo apontam na direção de uma restrição das liberdades e responsabilidades individuais. O projeto de lei que visa regulamentar o uso do título de psicoterapeuta, envolvendo as associações psicanalíticas por meio dos seus anuários, inscreve-se nesse processo.

De acordo com a nossa prática e coerentes com a razão psicanalítica, exortamos à oposição a esse projeto de lei.

•

Em primeiro lugar, cabe situar o contexto dessa preocupação com a regulamentação. Trata-se de um dos dispositivos da lei de saúde pública cuja filosofia é precisamente explicitada no relatório sobre a psiquiatria encomendado pelo ministro no mesmo período, e que confirma a orientação das políticas adotadas nas últimas décadas. A medicalização da psiquiatria é acompanhada por sua atrofia, enquanto

---
*Petição feita em fevereiro de 2004, disponível no site www.manifestepourlapsychanalyse.org.

o inchaço da demanda pela psicoterapia é estimulado e organizado. As respostas oferecidas no campo da saúde são preferencialmente orientadas para soluções técnicas padronizadas que se justapõem: à prescrição maciça dos psicotrópicos se acrescenta doravante a prescrição da fala (lutos, traumas, estupros, assédio etc.). Trata-se hoje em dia de encerrar essa proposta social de "psicoterapia" nos moldes burocráticos, que invadem o campo médico.

Com efeito, a avaliação e as "recomendações de boas práticas" fazem parte dos dispositivos que rapidamente levam o hospital a um estatuto de empresa, sob o reinado do discurso administrativo. A medicina liberal tem o mesmo destino, e o enorme mercado das "psicoterapias" deve ser rapidamente incluído nela. Essa importante tendência não afeta apenas a medicina; muitas outras práticas estão sujeitas ao mesmo enquadramento suspeito. O destino reservado à psicanálise terá consequências muito além dela própria: pesquisadores, criadores, artistas estão diante da mesma questão.

•

Ora, enquanto ciência do sujeito e da subjetividade, a psicanálise não pode, caso não queira renegar-se, prestar-se a algum tipo de gestão administrativa. Uma coisa é que o psicanalista não seja ignorante dos saberes heterogêneos (clínica psiquiátrica, psicopatologia, ciências sociais, jurídicas, políticas, literatura etc.) que podem e devem aclarar sua ação. Entretanto, quaisquer que sejam os diplomas e competências que possua, um psicanalista é confrontado com uma prática que não se reduz à aplicação dos conhecimentos. Cada análise é uma experiência singular que desarma qualquer programa e qualquer garantia *a priori*. Baseia-se numa relação com o sintoma que visa extrair sua verdade, e não erradicá-lo com vistas a uma normatividade. Nesse sentido, é antagônica a toda psicoterapia. Por outro lado, embora seus efeitos terapêuticos sejam comprovados, cabe lembrar que a psicanálise nasceu da recusa em subordinar sua ação à sugestão, e também nisso ela se diferencia de toda psicoterapia.

•

A formação dos analistas não pode ser contemplada sem levar em conta essa especificidade da psicanálise. Nesse terreno, a grande dificuldade tem a ver com o que constitui a formação que um psicanalista pode considerar autêntica para autorizar-se a exercer a psicanálise. A demanda do Estado visa necessariamente a substituir o que representa uma questão para cada analista pela resposta de uma instância qualquer — e pouco importa se ela é do Estado ou das associações analíticas —, garantidora da sua legitimidade. Ora, muito embora diversas associações façam questão hoje em dia de frisar seu consenso em resposta à demanda social, nem por isso deixa de ser verdade que a questão da formação ainda assombra a comunidade analítica, provocando debates e divergências. De tal maneira que podemos afirmar hoje que a existência dessa questão faz parte da própria formação. As diversas associações que se opõem quanto a elementos decisivos da formação e do reconhecimento pelos pares são prova disso, do que também dá testemunho o fato de haver uma grande quantidade de analistas que não estão inscritos em qualquer associação. Tornar-se analista é sempre uma decisão antecipatória. Aquele que toma essa decisão, ainda que autorizado por uma hierarquia, já o fez quando o solicita. Ele inaugura, assim, o modo de solidão que será o seu, a cada vez, no seu ato em relação a um analisante, nunca o mesmo, nunca equivalente. Nenhuma autorização pode sustentar essa solidão se registrando numa lista, cada lista se somando a outra num conjunto que contenha todas elas.

A questão de saber como pode ser autenticada essa travessia que consiste na passagem do analisante ao analista deve, portanto, permanecer em aberto. Mas é um fato: quando um analisante toma essa decisão de dizer-se "analista", mesmo que o faça depois de consultar outros analistas, inclusive o seu, mobiliza sempre um desejo pelo qual só ele pode responder.

•

Há quem considere satisfatório o projeto de lei votado pelo Senado: segundo essa leitura, ele respeitaria totalmente a liberdade da prática analítica, ao mesmo tempo dispensando os psicanalistas inscritos como tais nas listas de sua associação do registro municipal que pode ser exigido dos psicoterapeutas não médicos e não psicólogos. Além do fato de prejulgar-se, assim, uma obrigação de o psicanalista pertencer a uma associação, como ignorar que essa discriminação dos psicanalistas, encoberta sob o reconhecimento de alguns como psicoterapeutas e outros não, constitui um passo insidioso na direção da integração da psicanálise à psicoterapia e, em consequência, do controle daquela por esta? Outros colegas se mostram tentados pela adaptação da legislação italiana à França, solução que apresenta o mesmo risco, com outras modalidades. Consideramos que o reforço, por esse meio, do poder institucional dessas associações sobre os psicanalistas vai de encontro às exigências que expusemos a respeito da formação dos analistas. Com efeito, que uma associação de psicanálise possa qualificar como terapeutas seus membros que tenha inscrito como psicanalistas no seu anuário vai *ipso facto* transformar essa associação num instituto privado de formação psicoterapêutica, para não falar do problema mais que espinhoso das modalidades de habilitação das associações de psicanálise, que seriam habilitadas a...

Por esses motivos, opomo-nos ao projeto de lei votado pelo Senado (Giraud-Mattei) ou a qualquer outro que pretenda regulamentar o exercício da psicanálise, e convidamos vocês a juntar-se a nós assinando este texto.

Anexo B — Nem estatuto de Estado nem Ordem para a psicanálise*

Cento e cinquenta anos depois do nascimento de Freud, a psicanálise incontestavelmente se difundiu no mundo, mas essa difusão se apresenta de maneira contrastada. Por um lado, ela evidencia grande vitalidade em muitos países da América Latina e se espraia hoje até a China; por outro, na Europa, onde nasceu, e mesmo na França, onde o ensinamento de Lacan lhe devolveu vida e permitiu-lhe ocupar um lugar de primeiro plano, ela passa por uma séria crise.

Ela é, com efeito, objeto de ataques determinados pelas ideologias cientificistas derivadas das neurociências e das psicologias cognitivas e comportamentais. Essas críticas, que não mudaram desde os primeiros trabalhos de Freud, contam agora com o apoio atuante do Estado, em proveito de sua nova gestão burocrática da "saúde mental". Os decretos de aplicação das leis demonstram que a normatização dos saberes necessários para a utilização do título de psicoterapeuta implica, a longo prazo, que a psicanálise seja rejeitada, ou posta sob liberdade vigiada.

---
*Petição de 1º de março de 2006, disponível no site www.nistatutniordre.org.

Mas essa crise se deve também ao fato de que psicanalistas se desviaram nas negociações regulamentares que envolvem indiretamente o exercício da psicanálise (as "listas dos psicanalistas"). Não tendo recusado o princípio da regulamentação, alguns se dizem decepcionados com o resultado, enquanto outros persistem na mesma lógica, pois falam da criação de uma Ordem dos Psicanalistas. A pretensa proteção conferida pela lei — já vimos o que representava! — assumiria claramente, assim, a forma de uma regulamentação da própria psicanálise, em nome do mesmo argumento utilizado pelo legislador: distinguir os verdadeiros psicanalistas dos charlatães.

Quem diz Ordem diz consenso quanto ao que permite reconhecer alguém entre os pares. Esse consenso não existe. A formação do psicanalista é e deve permanecer sendo a questão que está em jogo na psicanálise, e nada tem a ver com uma seleção ou cooptação operada pelos "antigos", os "notáveis" ou os "experientes". Tornar-se analista é sempre uma decisão antecipatória, e aquele que toma essa decisão já o fez quando solicitou aos pares que o reconhecessem. Esquecer esse princípio segundo o qual um psicanalista só o é se houver efetuado esse ato significa transformar a experiência analítica em iniciação, e o conjunto dos psicanalistas, em corporação.

A questão de saber de que maneira pode ser autenticada essa travessia que constitui a passagem do analisante ao analista deve permanecer em aberto. A flagrante ausência de debate a esse respeito na comunidade analítica fragiliza a psicanálise frente às demandas de garantia da qual é objeto. Seria desejável que os psicanalistas, pertencentes ou não a uma associação, avaliassem a necessidade de criar locais de troca e confronto sobre esse problema crucial da formação.

Em vez de enfrentar publicamente a dificuldade, a escolha por uma administração normalizante pressuporia a questão resolvida, levando ao conformismo e ao arrivismo. O abrigo para a comunidade logo haveria de revelar sua lógica segregadora, pois se existe uma Ordem não pode haver exercício fora do seu reconhecimento, o que pressupõe a exclusão daqueles que não compartilham dos seus princípios.

Em vista disso, nós, abaixo assinados, declaramos que a prática da psicanálise não pode ser regulamentada ou garantida por um estatuto de Estado nem enquadrada por uma Ordem.

Alain Didier-Weill; Erik Porge; Fethi Benslama; Francis Hofstein; Franck Chaumon; Franz Kaltenbeck; Geneviève Morel; Guy Lérès; Guy Trobas; Henri Rey-Flaud; Jean Allouch; Jean-Jacques Moscovitz; Marie-Claire Boons-Grafé; Marie-Jean Sauret; Michael Turnheim; Michel Plon; Patrick Chemla; Patrick Faugeras; Paul-Laurent Assoun; Philippe Julien; Pierre Bruno; René Major; Roland Gori; Sidi Askofaré; Sophie Aouillé.

Sobre os autores

Erik Porge é psicanalista em Paris. Membro da École Freudienne de Paris até sua dissolução, atualmente é membro da associação de psicanálise Encore. Cofundador da revista *Littoral*, dirige a revista *Essaim* e publicou várias obras, especialmente pela editora Érès.

Franck Chaumon exerce a psicanálise em Paris. Membro da associação Pratiques de la Folie.

Guy Lérès pratica a psicanálise em Paris.

Michel Plon, psicanalista em Paris, é membro do comitê de redação da revista *Essaim* e de *La Nouvelle Quinzaine Littéraire*

Pierre Bruno, psicanalista em Paris, é membro da Association de Psychanalyse Jacques Lacan. Fundou e dirigiu a revista *Barca!* (poesia, política e psicanálise). Dirige a revista *Psychanalyse*. É autor de *Lacan passeur de Marx* [Lacan intérprete de Marx] (Érès, 2010).

Sophie Aouillé, psicanalista em Paris, é membro da associação de psicanálise Encore e do comitê de redação da revista *Essaim*.

Referências bibliográficas

ADORNO, T. W. *La psychanalyse revisée*. Paris: Éditions de l'Olivier, 2007.

AGAMBEN, G. *État d'exception*. Paris: Seuil, 2003.

ALMANACH de la dissolution. Paris: Navarin, 1986. (Bibliothèque des Analytica)

ALTHUSSER, Louis. *Écrits sur la psychanalyse, Freud et Lacan*. Paris: Stock-IMEC, 1993. Reedição Le Livre de Poche, col. "Biblio-Essais", 1996.

BROWN, Wendy. *Les habits neufs de la politique mondiale*: Néolibéralisme et neoconservatisme. Paris: Les Prairies Ordinaires, 2007.

BRUNO, P. *La passe*. Toulouse: PUM, 2003.

CANGUILHEM, Georges. *Études d'histoire de la philosophie des sciences*. Paris: Vrin, 1983.

CASSOU-NOGUÈS, P. *Les démons de Gödel*. Paris: Seuil, 2007.

CLAVREUL, Jean. *L'homme qui marche sous la pluie*. Paris: Odile Jacob, 2007.

CORRESPONDANCE de Sigmund Freud avec le pasteur Pfister 1909-1939, carta de 20 de agosto de 1930. Paris: Gallimard, 1966.

DARDOT, Pierre; LAVAL, Christian. *La nouvelle raison du monde*. Paris: La Découverte, 2009.

DORGEUILLE, Claude. *La seconde mort de Jacques Lacan*. Paris: Actualité Freudienne, 1981.

FOUCAULT, Michel. *Il faut défendre la société*. Paris: Gallimard-Seuil, 1997.

_____. *Dits et écrits*, t. I. Paris: Gallimard, 1994.

_____. *Le courage de la vérité*. Paris: Gallimard, 2009.

_____. *Le pouvoir psychiatrique*. Paris: Gallimard-Seuil, 2003.

_____. *Sécurité, territoire, population*. Paris: Gallimard-Seuil, 2004.

FREUD, Sigmund. *Abregé de psychanalyse*. Paris: PUF, 1978.

_____. *Essais de psychanalyse*. Paris: Payot, 1981.

_____. *La question de l'analyse profane*. Paris: Gallimard, 1985.

_____. *Le malaise dans la culture*. Paris: PUF, 1995. (Coleção Quadrige)

_____. *Nouvelles conférences d'introduction à la psychanalyse*. Paris: Gallimard, 1984.

_____. *Oeuvres complètes*. Paris: PUF, 1994. Volume XVIII.

_____. *Psychopathologie de la vie quotidienne*. Paris: Payot, 2001.

_____. *Paris, PUF, coll. "Quadrige Grands textes"*, 2010, Paris: PUF, 2010.

_____ *Sigmund Freud présenté par lui-même*. Paris: Gallimard, 1984.

_____. *Sur l'histoire du mouvement analytique*. Paris: Gallimard, 1991.

FREUD, Sigmund; BINSWANGER, Ludwig. *Correspondance 1908-1938*. Paris: Calmann-Lévy, 1995.

FREUD, Sigmund; EITINGON, Max. *Correspondance 1906-1939*. Paris: Hachette, 2009.

FREUD, Sigmund; FERENCZI, Sandor. *Correspondance 1920-1933: Les années douloureuses*. Paris: Calmann-Lévy, 2000.

FREUD, Sigmund; JONES, Ernest. *Correspondance complète (1908-1939)*. Paris: PUF, 1998.

GRUBRICH-SIMITIS, Ilse. *Freud: retour aux manuscrits*. Paris: PUF, 1997.

LACAN, Jacques. *Autres écrits*. Paris: Seuil, 2001.

———. *D'un Autre à l'autre*. Paris: Seuil, 2006.

———. *Écrits*. Paris: Seuil, 1966.

———. *Lacan in Italia: 1953-78*. Milão: La Salamandra, 1978.

———. *Le moment de conclure*. 15 de novembro de 1977, inédito.

———. *L'envers de la psychanalyse*. Paris: Seuil, 1998.

———. *Les quatre concepts fondamentaux de la psychanalyse*. Paris: Seuil, 1973.

———. *Le savoir du psychanalyste*. 6 de janeiro de 1972, inédito.

———. *L'éthique de la psychanalyse*. Paris: Seuil, 1986. Livro VII.

———. *Les formations de l'inconscient*. Paris: Seuil, 1998.

———. *L'insu que sait de l'une bévue s'aile à mourre*, seminário inédito, versão AFI.

———. *Télévision*. Paris: Seuil, 1973.

LÉVI-STRAUSS, Claude. *Anthropologie structurale*. Paris: Plon, 1958.

MAJOR, René; TALAGRAND, Chantal. *Freud*. Paris: Gallimard, 2006. (Coleção Folio Biographies)

MARX, Karl. *Le Capital*. Paris: Garnier-Flammarion, 1969.

MILLER, Jacques-Alain; MILNER, Jean-Claude. *Voulez-vous être evalué?*. Paris: Grasset, 2004.

MILNER, Jean-Claude. *La politique des choses*. Paris: Navarin, 2005.

POCOCK, John Greville Agard. *Le moment machiavélien* Paris: PUF, 1997.

POPPER, Karl. *Le réalisme et la science*. Paris: Hermann, 1990.

PORGE, Erik. *Des fondements de la clinique psychanalytique* Ramonville-Saint-Agne: Érès, 2008.

———. *Transmettre la clinique psychanalytique:* Freud, Lacan, aujourd'hui. Toulouse: Érès, 2005.

ROUDINESCO, Élisabeth. *Histoire de la psychanalyse en France*. Paris: Fayard, 1994.

SAUSSURE, Ferdinand de. *Cours de linguistique générale*. Paris: Payot, 1969.

SHACKLETON, Ernest. *L'odyssée de l'Endurance*. Paris: Payot, 1993.

TARDITS, Annie. *Les formations du psychanalyste*. Ramonville-Saint-Agne: Érès, 2000.

TIMMS, Edward. *Freud et la femme-enfant:* Mémoires de Fritz Wittels. Paris: PUF, 1999.

WIDLÖCHER, Daniel. *Psychanalyse et psychothérapie*. Ramonville-Saint-Agne: Érès, 2008.

Revistas

Essaim n° 1. Ramonville-Saint-Agne: Érès, 1998.

Essaim n° 6. Ramonville-Saint-Agne: Érès, 2000.

Essaim n° 9. Ramonville-Saint-Agne: Érès, 2002.

Littoral n° 9. Toulouse: Érès, junho de 1983.

Psychanalyse n° 12. Ramonville-Saint-Agne: Érès, maio de 2008.

*O texto deste livro foi composto em
Sabon LT Std, corpo 11/15,5.*

*A impressão se deu sobre papel off-white
pelo Sistema Cameron da Divisão Gráfica
da Distribuidora Record.*